培養好學的心態，在承擔中勇敢成長，
成為自己生命的王者

楊朝明，李文文 著

請孔子讀論語

「天不生仲尼，萬古如長夜！」
穿越千載時光，傾心聆聽《論語》，
讓我們用全新的視角，
再一次走近至聖先師那顆偉大的心靈。

崧燁文化

目錄

引言 請孔子解讀《論語》

有一份報紙，在介紹我們的相關研究時，用了《讓孔子解讀〈論語〉》這樣的標題，我們覺得很有創意，對我們研究《論語》的特點也具概括性。

看到這個題目，可能有人會問：《論語》本身分明就是孔子在說，其中記載的主要就是孔子及其弟子的言論，怎麼還讓孔子去解讀？

問題的關鍵正在這裡。《論語》是研究孔子的基本素材，甚至是中國文化最重要的典籍。《論語》成書以來，歷代研讀者不計其數，近年來出版物更數不勝數。可是，為什麼人們仍有那麼多的分歧呢？

這部共分為二十篇、一萬五千餘字的著作非常特殊，因為它就像言論等片段的摘編。表面看來，各篇章前後似乎沒什麼聯繫，有不少沒有明確、具體的語言環境，仁者見仁、智者見智便很正常了。

但由《論語》的性質所決定，它的章句不會僅僅朦朧地去表達一種意象，不會像賦

詩言志那樣可以斷章取義、詩無達詁。在《論語》的素材中，無論孔子還是孔子弟子以及「時人」，無論言論還是行為、事蹟，他們總在表達一定的意義，也就是說，《論語》的編者一定想用這些素材表達什麼。

一個人用心解說、闡發一部典籍，一定包含著這個人的理解；一個人傾力編纂、匯輯一部著作，一定包含了這個人的思想傾向。就像《易傳》的思想既屬於《周易》同時也屬於孔子那樣，《論語》也不僅僅屬於孔子，它一定也體現了《論語》編者的「想法」，表現了他對孔子的理解。

那麼，《論語》為何而編？誰是《論語》的編者？這兩個密切相連的問題，直接關係到對《論語》的準確認識。

孔子長期從事教育，他的講授以「六經」為主，他的思想自然也就體現在對「六經」的講讀和論述中。孔子去世後，弟子們因為個性和著眼點的差異，在理解孔子思想時就有側重點的不同，以至於出現了「各是其是」、「儒分為八」的情形。

孔子當時授學時，弟子「各有所記」。他晚年講授時，還專門有年齡較小的弟子輪流筆錄，留下了大量的孔子遺說。孔子從事教育，路徑和目標十分明確，這就是《孔子家語》所記載的：「先之以《詩》、《書》，而道之以孝悌，說之以仁義，觀之以禮樂，

然後成之以文德。」如何成就「文德」恐怕是孔子思想的核心問題。當孔門內部分歧出

現時，以孔子「零散的言論」表達他「系統的思想」的現象便開始成形。

最後完成這項工作的，是孔子的裔孫子思。以往，人們對子思瞭解不多，由於新素

材的發現，現在可以清晰地看到，在孔子逝世以後，子思的造詣越來越高，影響越來越

大。隨著孔子弟子的相繼辭世，子思歷史地承擔了彙聚、整理、選編孔子遺教的使命。

為此，他做了大量的工作。我們今天看到的《論語》、《孔子家語》，其最初的編纂，可

能都與子思有直接關係。

認定子思最終編訂了《論語》，當然有一個縝密論證的過程。不難理解，既然人們

傳述孔子學說時出現了分歧，就要求有能力、有資格的人述正言、正視聽，子思的能力

與身分，使他擔當起了這一使命。在儒家之「道」被割裂分散，不少人「各以巧意而為

枝葉」的情況下，子思希望人們能把握孔子學說的真諦。可能是由於他以孔子裔孫的身

分做了這一工作，有人還誤解他、質疑他。

不過，作為孔子裔孫，子思顯然比別人更有責任感、使命感，他最希望「不失其意」

地傳述「夫子本旨」，將「典雅正實」的孔子言論留予後人。於是，子思開始了孔子遺

說的收集與整理，並從眾多的孔子遺說中「選取」。

首先，《論語》書名中的「論」，就是「選取」。在關於《論語》成書問題的說法中，《漢書・藝文志》的說法比較流行，它說《論語》是孔子門人在孔子去世後「相與輯而論纂」而成。唐人顏師古注說「輯與集同，纂與撰同」，「輯而論纂」就是「集撰」或者「撰集」。至於如何「撰集」，時間更早的孔安國明確說是「選取」。

孔安國是孔子第十二代孫，他是漢武帝時期的著名學者，今本《孔子家語》就是他編撰而成。他曾談到《孔子家語》與《論語》的關係，他說《孔子家語》的素材出於孔子弟子的紀錄，其時代與《論語》、《孝經》一樣。人們在孔子遺說中「取其正實而切事者」，別出為《論語》，其餘則彙集到一起，就是《孔子家語》。這裡的那個「取」，就是選取、挑選的意思。

學術界有一種看法很有道理：「論語」的「論」有「選擇」、「別擇」之意。清朱駿聲《說文通訓定聲・屯部》說：「論，假借為掄。」《國語・齊語》曰：「權節其用，論比其材。」韋昭注：「論，擇也。」《荀子・王霸》曰：「君者，論一相，陳一法，明一指，以兼覆之，兼炤之，以觀其盛者也。」楊倞注：「論，選擇也。」關於「語」，《說文解字》說：「語，論也。」韋昭注：「語，論也。」《廣雅》說：「語，言也。」這樣，所謂「論語」，就是「選取出來的論述」或者「挑選出來的言論」。

值得注意的是，孔安國説《論語》素材的突出特點是「正實而切事」。所謂「正實」，就是真實可靠，這不僅說明《論語》素材之與孔子的關係，也說明與作為《論語》編訂者的子思有關。在子思最早的著作中，有一部分就專門記錄孔子言論。據《孔叢子．公儀》記載，子思曾對魯穆公說，自己記錄的孔子言論「或親聞之者，有聞之於人者」，《論語》「正實」，其可靠性自不待言。

相比之下，《論語》「切事」的特點更加重要，這也與子思的纂輯有關。他要展現孔子思想學說體系，要在眾多的素材中選擇孔子遺言，那麼，他就一定會考慮哪些更具有教化社會人心的功用，哪些更符合孔子的關切。只要我們簡單思考，也能想到子思不會將選取出來的素材隨意堆砌，他對素材的選擇，對素材的「取」，也許同時就意味著按照一定的邏輯編排。

《論語》中的孔子言論來自孔子。經過選擇、編排，這些言論比較簡略，又缺少了具體語境，增加了理解的難度。於是，面對這些真實而簡潔的語錄，面對一條又一條的「善言嘉語」，我們往往必須先有一個提問：我們的理解對嗎？我們怎樣才能更加接近孔子那顆偉大的心靈？

終於，由對《論語》首篇首章的認識，我們發現《論語》編排的祕密。我們認為，

要讀懂《論語》，最關鍵的就是這句話。作為全書的開篇，「學而時習之」的「學」究竟是什麼意思，其實關係到整部《論語》乃至孔子思想的準確把握。從孔子之學、孔子的追求以及孔子對待「人不知」的境遇等方面，完全可以印證「學」與「道」相近，應該作名詞來理解，指「思想主張」。首篇首章的幾個分句連貫一致，與孔子的人生主題相應，是他一生追求的真實寫照。

在這裡，我們發現的「祕密」則是「以孔子解《論語》」，這就像經典研究中的那個「以經解經」的方法。孔子以及孔子後學的言論素材很多，只要將這些素材通觀，用其它典籍中的孔子學說解讀《論語》，就能把握其中孔子的本意。如「學而時習之」的「學」，其實就是他追求的「道術」，「志於道」與「志於學」一樣。只要品味《禮記・學記》「安其學而親其師，樂其友而信其道」和《孔子家語・子路初見》「王事若龍，學焉得習，是學不得明也」，將其與「學而時習之」及傳統的「大學之道」合觀參驗，就會更準確地理解孔子之「學」的意義。

總之，我們所謂的「請孔子解讀《論語》」，一言以蔽之，不過就是這個「合觀參驗」而已。只要這樣做，就不會僅按個人的邏輯去縱橫馳騁，就不會遠離《論語》本身的邏輯而自以為是。比如，有的人認為孔子不以「君子」自詡，否則就違背了「謙虛的

美德」。其實，《孔子家語‧在厄》裡孔子説過「君子博學深謀不遇時者眾矣，何獨丘

哉」，只要看看這裡的記載，也不至於出現這樣的簡單過失。

清代人曾經考定《論語》有「竄亂」，有「續附」，各篇「各不相謀」，不出於一人

之手，今人持這種看法的也不在少數。現在看來，都缺乏有力證據。當我們借助新的出

土文獻，借助出土文獻「啟動」了的孔子的那些言論，回頭細細審視《論語》的記載時，

發現《論語》的內在邏輯十分清晰。

《論語》首篇總論修身做人這一中心，以下各篇分別談為政以德、守禮明禮、擇仁

處仁等，層層剝離，依次展開。《論語》本身就是完整的生命體，它的首尾之間遙相呼

應，它的篇章之間血脈相連，它的章節之間大小相成，既散落成珠，又渾然一體。時隔

千載，傾心聆聽，他們心脈的搏動仍張弛有度，吐吶的氣韻仍靜定安詳。只有看清其間

的這種邏輯關聯，才能準確理解章句旨意！

第一章　當生命邂逅生活

——〈學而〉第一

當人們走向生活，開始人生的腳步時，許多人卻往往困惑起來。於是，有人就在內心追問：我來到這個世界有怎樣的意義？我應該如何度過自己的一生？

毫無疑問，每個人都會有自己的夢想，理應有個人的追求。

我們的先人告誡說：人的夢想就像一顆種子，沒有種子，有再多的努力也是枉然，也不會生根發芽、枝繁葉茂、碩果累累……所以，我們必須有自己人生的支點，思考怎樣度過自己的一生。

愛因斯坦也遇到過同樣的問題。一九五〇年，愛因斯坦收到一位十九歲大學生寫來的長信，學生在信中說：「先生，我的問題是，人活在世界上到底是為了什麼？」他排除了諸如賺錢發財、博取功名或助人為樂之類的答案，認為人活著「什麼目的也沒

有」。但是他說，一個人活著就應該捫心自問，我們到底應該怎樣度過一生……愛因斯坦說，在我看來，問題的答案應該是：在力所能及的範圍內，盡量滿足所有人的欲望和需求，建立人與人之間和諧美好的關係。這就需要大量的自覺思考和自我教育。不容否認，在這個非常重要的領域裡，開明的古代希臘人和古代東方的賢哲們，所取得的成就遠遠超過我們現在的大學。

打開《論語》，開篇便是孔子的話：「學而時習之，不亦說乎！有朋自遠方來，不亦樂乎！人不知而不慍，不亦君子乎！」《論語》的生命也由此而開始。愛因斯坦所說「在力所能及的範圍內，盡量滿足所有人的欲望和需求」，恐怕就是中國傳統的「道德」、「德行」、「美德」了。

那麼，「德」是什麼？《樂記》云：「德者，得也。」美德之「德」，就是得到的「得」。在我們的先人看來，有美德自然就會有所得。得到什麼？

《素書》云：「使萬物各得其所欲。」萬物若是如希望的那樣「各得其所欲」，則需要各盡其所能，需要各居其所居，需要各知其所止。

《大學》云：「為人君，止於仁；為人臣，止於敬；為人子，止於孝；為人父，止於慈；與國人交，止於信。」這是在強調君臣父子各司其職，各自盡本分，知其所止。這

一切，恰恰是建立和諧美好人際關係的重要條件。

當面對人生意義之類的問題時，愛因斯坦也矚目於「古代東方的賢哲」，對我們很有啟發。翻開《論語》這部作為「四書之首」的經典時，首先得到的便是當生命邂逅生活，如何樹立信念、堅守理想、實現價值的人生啟迪。

一、《論語》的密碼

要正確理解《論語》，必須解開《論語》的密碼，揭開《論語》的祕。

那麼，《論語》的密碼是什麼？

翻開《論語》，首先映入眼簾的便是「學而時習之……」，對於《論語》開篇的這句話，人們再熟悉不過了。

傳統上認為本章是講對待學習、交友和他人能否理解自己的態度，從字面上看好像也的確如此：

學而時習之，不亦說乎？

這裡的「習」，無論是理解為「複習」，還是「慣用」，都是在講對於「學」所應該持有的基本態度。

有朋自遠方來，不亦樂乎？

這句話更是千古流傳。《詩》云「呦呦鹿鳴，食野之蘋。我有嘉賓，鼓瑟吹笙⋯⋯我有旨酒，以燕樂嘉賓之心」。濃郁的、誠摯的、熱烈的歡迎之情盡在其中。

人不知而不慍，不亦君子乎？

不被人理解，自己也不怨憤惱怒，不也是有修養的君子嗎？在講對待他人對自己認知的態度。

但是，為何將這樣三個部分的內容放在了《論語》的首篇首章，他們之間是怎樣的內在聯繫？背後有何深意所在？正確理解該章，是正確認識《論語》全書乃至孔子生平思想的關鍵。

要知道，《論語》出於孔子弟子後學的選編。無論如何，他們都不會將相關的素材隨意加以安排。事實上，《論語》的編排有沒有一定的順序，歷史上還真的有不同看法。直到今天，這樣的分歧依然存在。可是，整部《論語》理解上的祕密可能正在這一章中。要正確釋義《論語》，必須解開《論語》的密碼，從而把握本書的整體結構，理解《論語》要表現的真實的孔子。

《論語》既然是表達孔子思想的經要，《論語》的首篇首章一定與孔子的人生主題

呼應。孔子的一生多奔波於道路之上，他不搭乘著高鐵、拿著信用卡去旅行。他顛沛流離，他奔走喊，他在踐行他心中的「道」。他心繫天下蒼生，希望百姓安泰，有著實現天下大同的政治抱負，熱切地期盼實現自己的主張，一生的理想與信念盡在其中。

如果這樣的理想和抱負可以實現，子曰「學而時習之，不亦說乎」！孔子說自己將從心底洋溢喜悅。如果說喜悅也可以分出層次，這將是最大的喜悅。人生最大的意義莫過於將理想變為現實，誰人不渴盼夢想成真？美國心理學家馬斯洛提出需求層次理論，他將人的需求分成五個層次，由低到高分別是：

（1）生理需求；

（2）安全需求；

（3）社交需求；

（4）尊重需求；

（5）自我實現需求。

人的最高追求，就是自我實現。這樣看，古今中外，人同此心，心同此理。

二、面對希望——學而時習之，不亦說乎！

事實上，在孔子的一生中，的確有著這樣的一段「好時光」。《孔子家語》的首篇——〈相魯〉，詳細記載了孔子出任中都宰、大司空、大司寇等「學而時習之」的情況。

孔子初仕，為中都宰。初仕，也就是剛剛從政，剛剛做官。中都，是今天山東汶上西的一個小鎮。中都宰，這個官職，對應到今天，相當於一個小鄉鎮上的鄉鎮長。當然，他所治理的人數恐怕還不及今天的一個小鎮。

就是在這麼一個小鎮，孔子實現著他的理想。主線就是制訂了「養生送死之節」。

看一看孔子的政績，並沒什麼大動作，就是生有所養，壯有所用，老有所葬，這些最基本的事。仔細想想，或許這才是孔子為政的可貴之處。老百姓並不那麼關心哪顆衛星上了天空，也不太關心嫦娥號到底何時從月宮再回地球，或者哪個國家換了總統。那老百姓關心什麼？老百姓關心衣食住行，關心生有所養，關心壯有所用，還關心老有所終。

所以，民生才是最重要的事，民生永遠都是最重要的事。

這樣的做法，實行一年之後，那個小鎮是「路不拾遺，夜不閉戶」，各國諸侯紛紛逐

而至，前來學習。這之後的第二年，孔子出任魯國司空，這是個負責土地管理和工程建設的職位，相當於地政處處長。出任此職，孔子的做法是：別五土之性，而物各得其所生之宜。

不同的土質，種植不同的莊稼。在丘陵之上種茶葉；在潮濕的土地中種水稻；在一望無際的平原之上種小麥、玉米，平原是糧食作物的最佳產地，小麥、玉米長在這裡都歡喜得不得了。這一切，對應到今天，這就是科學發展觀，是生態文明觀。

孔子治政，做到生有所養、壯有所用、老有所葬——他都有自己的做法，有教人的方式，有修身的法則。

這個規則是怎樣的？〈學而〉說的應該就是了：

君子務本，本立而道生。孝悌也者，其為仁之本與？

吾日三省吾身。為人謀而不忠乎？與朋友交而不信乎？傳不習乎？

道千乘之國，敬事而信，節用而愛人，使民以時。

弟子入則孝，出則悌，謹而信，泛愛眾，而親仁，行有餘力，則以學文。

禮之用，和為貴。先王之道，斯為美。小大由之，有所不行。

信近於義，言可復也；恭近於禮，遠恥辱也；

君子食無求飽，居無求安，敏於事而慎於言，就有道而正焉。

……

孔子教人修身、做人、治國，一言以蔽之，不過「提升素養」而已。

這個階段，孔子可謂平步青雲，接著由司空被任命為魯國的大司寇，也就是魯國的法官。作為一名法官，他的職責理應是公平公正地判案，但是孔子不這樣認為。在孔子看來，如果有人來找他打官司，實在是因為沒有什麼其他好辦法。只不過是問問東，問問西；問問你，問問他，然後做出一個判斷。孔子的理想是「必也使無訟乎」！他希望天下沒有官司。

為什麼是沒有官司才好呢？如果老百姓沒有官司，就說明百姓們對於所處的生活狀態，認為是公正的、可以接受的、無有怨結的，這其實是政治治理的最高境界。反之，如果一個國家，一個地方，老百姓擠破頭打官司，監獄裡關滿了人，甚至住不太擠還要擴建，實在是政治最大的悲哀。

三、面對失望 —— 有朋自遠方來，不亦樂乎！

能夠實現自己的理想，自然是最大的喜悅，且這種喜悅自心底洋溢。但是，若故事

就是這般一馬平川地發展下去，在中國的歷史上恐怕就只是多了一個富有才幹的政治家，會不會有「大成至聖先師」、「萬世師表」、「歷代帝王師」，若是「天不生仲尼」，就會「萬古長如夜」的孔夫子呢？恐怕要打一個很大的問號。所以，每一個偉大的人物，總是要歷經一些不平凡，這些不平凡在很多情況下意味著曲折。

當孔子希望進一步施展抱負時，就觸動了當時魯國貴族的利益，這意味著孔子的政治生涯基本劃上了句號。

既然魯國不能實現孔子的政治理想，那麼面對理想，面對追求，該何如？孔子的選擇是不捨不棄。他說：

有朋自遠方來，不亦樂乎！

有朋，就是朋友。同門為朋，同志為友。

天下如此之大，可有志同道合之人？請問天下哪個國君肯用我，我助他一起回到堯、舜、禹那個治世的時期。若是天下果然有這樣的賢君，我可以和他一起去實現天下大同的夢想。若果然有這樣的明君，無論是他前來相邀，還是自己主動前往，無有分別，同樣歡喜！

於是，孔子開始周遊列國，風塵僕僕，本質上他在尋找志同道合之人。

四、面對絕望 —— 人不知而不慍，不亦君子乎！

然而，十四年的周遊列國帶給孔子更多的是失望，甚至絕望。他發現一個問題，烏鴉的毛不是染了顏色才變黑的。無道，豈止是一國之無道，一君之無道。孔子生活的年代，周天子已經失去了號令天下的權威，諸侯混戰，大國欺負小國，小國人人自危，誰還能聽得進仁愛、忠信的思想？面對現實，已經一退再退，由希望到失望，再到絕望。這時對於自己的理想、信念、學說、所奉行的「道」該何如？孔子有他的堅守，有他的選擇。

孔子周遊列國的過程中發生了許多故事，其中「陳蔡絕糧」是非常典型的一個。孔子師徒在前往楚國的路途中，經過陳、蔡兩國之間時，被圍困在雪山之上。電影《孔子》中關於這段的場景是：大雪封山，北風狂吹，斷糧已經多日，外無所通，連野菜湯也沒辦法煮。隨從的人病的病，傷的傷，無精打采，心神不定，焦躁不安。

身處困境中，人都要活不下去了，孔子在做什麼？他愈加慷慨講誦，弦歌不衰。按照常理來講，為何孔子不去想想辦法，怎樣走出困境？都這種情況了，還講什麼課，彈什麼琴啊？！好像他一點也不著急。其實，這就是孔子的心智了。他慷慨講誦，弦歌不

衰，源於內心的寧靜。

愈是在困境中，內心的寧靜，愈是面對困難的最佳狀態。寧靜源於對信念的堅定，如如不動，自然寧靜。《大學》云：知止而後有定，定而後能靜。相反，心神不寧，坐立不安，荒亂與焦躁非但不能解決問題，極可能困中添亂，亂上加錯，由一個困境走向更大的困境。如同在一個塵土飛揚的房間中，若是希望塵埃落地，唯一的方法就是靜定，唯一的方法就是等，等它塵埃自定。若是揮舞著雙臂，企圖戰勝塵埃，將適得其反。愈是用力，塵土愈是活躍，局面就愈是繁亂。

在困境中，孔子靜心地彈一首曲子，他還要好好幫學生們上一堂課，一堂具有非凡意義的課。這堂課的內容不是源於他常常講起的《詩》、《書》、《禮》、《樂》、《易》、《春秋》，卻實實在在是這「六經」的精華，是關於實踐的理論，關於生命的學問，是如何看待困境，怎樣面對困境。

「不是犀牛，也不是老虎，為何這樣困頓地遊落在荒郊野嶺？我們的學問，所信奉的道，難道有不對的地方嗎？為何淪落到這個地步？」這個問題，孔子先問子路。

一聽這話，子路就生氣，您問我，我還想問您呢！想想子路生氣，有道理。老師天天說帶著我們行道，要救天下的百姓於水深火熱之中，事實是，連自己都救不了。他面

帶慍色來回答孔子的問題。按理說，君子應該無所困頓，好人應該有好報。難道是老師您還不夠仁德，人們因而不相信我們？再說，我以前可是聽您講過：

為善者，天報之以福，為不善者，天報之以禍。（《孔子家語·在厄第二十》）我們積德懷義，一直以來都是這樣做，可為什麼還會淪落到這種窮困的境地呢？

聽聽子路的話，的確有道理。既然是「善有善報，惡有惡報」，沒有得到善報，可能是自己做得還不夠好？但是孔子不這樣認為，他說：

夫遇不遇者，時也；賢不肖者，才也。君子博學深謀而不遇時者眾矣，何獨丘哉！

能不能遇到明達的君王，碰上好機遇，是由時勢所決定的；是否懷有才幹，則在於個人的特質。一名君子學識淵博，謀略深遠，而沒有碰上好時機的有很多，哪裡單單就我孔丘一人呢！孔子舉了比干的例子，他說，你以為有才智的人就必定被任用嗎？如果是這樣，王叔比干就不用把心剖出來給紂看。

比干，商紂王的皇叔。正是因為比干是商紂王的皇叔，他與一般臣子相比，和商紂王的感情是不一樣的。他當然不希望祖上的基業毀於一旦，毀在商紂王的手中。所以，比干可以把自己的心挖出來給人看，看看這是不是一顆紅心，是不是一顆忠心。但是，即便是比干把心挖出來給商紂王看，有沒有改變商紂王的昏庸？有沒有阻止商朝的滅

亡？事實是沒有啊。

那麼，我們要進一步追問，既然很多問題不是透過自己的努力就可以改變，那還要不要繼續努力呢？明白「很多問題不是透過自己的努力就可以改變」，不是要我們不努力，而是正確地面對努力，理性地面對努力之後的結果。可能是成功，也可能是不成功。需要坦然地面對，安然地接受現實。這樣，才有力量繼續走下去。而不是因為受挫，就滿腹牢騷，好像全世界都欠了自己，更不是要我們就此止息。若是如此，那就真的是白白地受了苦，説明還沒有真正明白困厄的意義和價值。

想一想，對於我們的生命來講，沒有為難，怎會有真正的成熟與成長呢？沒有委屈，怎麼能有所擔當呢？真正的成長，就是面對困境和為難，而真正的擔當，恰恰是指對委屈的擔當。

子曰：芝蘭生於深林，不以無人而不芳，君子修道立德，不為窮困而改節。

芝蘭花生於深林之中，你知道她為誰而開放，因何而芬芳？開花就是蘭花的本分，有人欣賞，她綻放，無人欣賞，她同樣芬芳。做人、做事都有本分，對於君子來講，修道立德就是本分，自然也不會因為遇到困難而改變氣節，更不會改變自己的信念與執守。所以，「芝蘭生於深林，不以無人而不芳，君子修道立德，不為窮困而改節」，

與「人不知而不慍，不亦君子乎」，可以互為作注。

《論語》在它生命的開始，帶給我們的啟發，即為當生命邂逅生活該何為？孔子的選擇是：面對希望，學而時習之，不亦說乎！面對失望，有朋自遠方來，不亦樂乎！面對絕望，人不知而不慍，不亦君子乎！

無論是自我價值的最高實現，全社會的普遍接受，還是退一步，得到志同道合者的認同，還是再退一步的堅守與執著，人生可以無處不自在。

也只有做到理性地面對絕望，安然地面對失望，才可悠然地面對希望。不至於絕望時頹廢，得意時忘形。

有人則不同，若是一絕望，就怨天怨地怨政府，怨完命苦怨父母，再也沒有了奮起的勇氣與信心。有人是一得意就忘了自己是誰。其實，無論是絕望，還是得意，說到底都是生活對於生命的試金石，只有真金才不怕火煉。

整部《論語》也就由本章開始。如朱熹所言，這是入道之門、智慧之門。

五、《論語》在呼吸

面對生活的狀態，每個生命都應該有理性的認知。就在《論語》的末章末節，孔

子曰：

不知命，無以為君子也。不知禮，無以立也。不知言，無以知人也。

知命，天地生君子，君子治天地，這是一份使命，一份擔當。在孔子周遊列國的過程中，遇到了很多困難。在匡地，被匡人所困，孔子曰：

文王既沒，文不在茲乎？天之將喪斯文也，後死者不得與於斯文也；天之未喪斯文也，匡人其如予何？

周文王已經不在了，這關乎人文，化民成俗的職責難道不是在「我」的肩上？既然這是一份天命，再難，即使是「顛沛必於是，流離必於是」，也要力求「學而時習之」。

知命，不是失意人生的最後慰藉，而是對於客觀真理的清晰洞達。客觀真理就是存在，就是自然萬物，還是人事百態，一個完整的關於生命與生活的世界。在這個世界中，動容周旋皆自在的唯一法則就是要知禮。

禮，是天地之序，各安其位，各盡其職。在安的前提下，生發長養，做人做事，成人成事。懂得這個道理，禮就不是約束，而是一份更加寬廣的從容。

知禮是對於自我的要求，我能否在環境中實現從容？需要知人，透過知言而知人。

於是，命，自己，他人，渾然一個整體，互為影響，彼此生發。

讀到此，《論語》整部書首尾貫通，一個完整的生命體在呼吸吐納間靜靜雌守。孔子堅信人生要有追求，執守不改變，追求的就是王道行天下。他還希望每個人都做自己生命的王者，由「知命，知禮，知言」，進而「做君子、有擔當」。做自己生命的王者，同時尊重他人的生命。

當人生有了這般的追求，生命便開始與眾不同，便被賦予了意義與境界。

第二章　道，政治的方向

〈為政〉第二

《論語》的首篇〈學而〉，告訴我們當生命邂逅生活的大經大法。儘管生命是短暫的，但人活一世，草木一秋，仍然應該有所完成，才不枉做一回人。當人生有了理想與追求，並為此而執守，不捨不棄，生命便有了質感。

人生需要知行合一，需要內化於心，外化於行。要做人，要做事，要行動，這就是廣義的「為政」了。繼〈學而〉之後，《論語》接著談〈為政〉。

一、道在最前方帶路

然而，當我們仔細閱讀〈為政〉這一篇，孔子是不是在泛泛地講應該如何做人做事

呢？事實不是如此。

在整個社會運行體系中，為了更加高效地「為政」，更有特質地做事，還可以再聚焦、再具體。將聚光燈敏銳地照射到社會的決策系統、管理系統，可以再聚焦、再具體，就是「為政」，就是「領導者」。這其中的道理不言而喻：火車跑得快，全靠車頭帶。

當然還可以再聚焦、再具體。將聚光燈敏銳地照射到社會的決策系統、管理系統，可以名曰「政治」。

〈為政〉的開篇，子曰：

為政以德，譬如北辰，居其所而眾星共之。

這一章開篇點題，講明為政，也就是管理與領導的方針、方法，宣示了為政的最高境界。

在中國古代先賢聖哲的思想體系中，價值觀與方法論、理念與通達路徑往往是同步的概念，他們在齊步走。這種思維方式，也成為《論語》的邏輯。

是不是如此呢？我們還是要認真品思孔子的話。

如何為政？「以德」來為政，這既是為政的價值觀，也是方法論，是最高原則，還是具體的通達路徑。為政以德的本質，在講為政者本身要有德，為政者本人要有魅力，有魅力才有吸引力。如《論語・子路》孔子所說：

其身正，不令而行，其身不正，雖令不從。

在修己的基礎之上，安人、安百姓。進而，各個機構、各個群體、士子百姓，各安其位，各司其職，實現政治的目的。這樣做的結果，為政者就如同天上的北極星燦然居中，群星環繞。

然而，這樣的期望是不是有理想主義的成分？這是真正的為政之大道，還是孔子一廂情願的「人文幻想」，幻想出一個「烏托邦」？這其中的道理值得深思，是什麼使孔子講出了這樣的「大道理」？

這需要向源頭追溯。

〈皋陶謨〉是《尚書‧虞夏書》中的一篇，記載著舜與大禹、皋陶的談話。翻看〈皋陶謨〉，會很自然發現該篇與儒家主張之間的聯繫，也有人解讀〈皋陶謨〉，並將皋陶的思想看作儒學的源頭。

孔子論〈皋陶謨〉，一日可以觀治，一日可以觀政。意思完全一致，在表述孔子心中的理想政治。讀〈帝典〉，孔子說他「見堯舜之聖焉」。堯、舜，聖明君主的形象。於〈皋陶謨〉，孔子認為他見「禹、稷、皋陶之忠勤功勳焉」。禹、稷、皋陶是舜的左膀右臂。這些人，就是孔子心中理想的為政者的形象。君王聖明、仁愛，臣子與下屬忠誠、

勤懇，建有功勳。

為政以德，除了要求為政者本人要有德之外，還要求為政者會用德。何為用德？具備對德行進行認知和辨別的能力。按照德的要求、德的標準，選取人才，任命人才，使用人才。

關於對德衡量的標準，皋陶談到九德，他認為真正的美德應該是：

寬而栗，柔而立，願而恭，亂而敬，擾而毅，直而溫，簡而廉，剛而塞，強而義。

這「九德」的要求兩兩相對，中正不倚。寬厚而又威嚴，和柔而能立事，隨和而又莊重，具有才幹而又誠敬，善於聽取別人意見而又剛毅果斷，行為正直而又態度溫和，處世通達而不失原則，剛正不阿而又腳踏實地，堅強勇敢而又符合道義。

但是，常人的本性是有其一，難有其二。寬厚之人，難有嚴威；和柔之人，很容易成為牆邊草，順風倒，難以立事；有點小小才幹，就容易狂妄自大，難以虔誠恭敬……我們的文化歷來講求「一陰一陽之謂道」，陰陽相對組成一個整體。但凡只占其一，就僅僅是有一半的德行，一半的智慧，難免有所偏頗。兩兩相對，才可組成一個整體。那麼，另外一半的德行，就是學習與修養的結果，要缺什麼就補什麼。

然而，需要注意的是，皋陶所談到的「九德」，本質在談人心與人性，是人先天的

性格、心理、行為特點，與「仁、義、禮、智、信」等道德範疇意義不同。他們之間是怎樣的關聯呢？

無論做任何事情，都需要一個正確的方向。這個正確的方向，就姑且稱它為「道」。

「道」，就好像是海上的航標，還似航線中的雷達。是「道」，在最前方帶路。政治治理同樣如此。既然「道」是方向，若是我們進一步追問，是什麼在指引「道」？「道」如此重要，什麼是「道」的源起，「道」在何處？

孔子曰：道不遠人。（《中庸》）

他又說：人能弘道，非道弘人。（《論語‧衛靈公》）

原來，人的天然本性，內在心性，是「道」的源頭。「仁、義、禮、智、信」等道德範疇，更多的是透過後天的示範與導向，學習與教化來實現。一個人的品格是在先天與後天、本性與環境的互動之中成長與成就的。

到這裡，我們可以來讀一讀老子的話：

失道而後德，失德而後仁，失仁而後義，失義而後禮。夫禮者，忠信之薄而亂之首。（《道德經》第三十八章）

失去了大道之源，只好強調德性的重要。失去了內在的德性，只好強調仁愛之心。

失去了仁愛之心，只好論及正義法則。失去了正義法則，只好用禮來規範。強調禮來規範，足以見得忠信極為淡薄，而禍亂也常常由此而起。

有人認為老子和孔子在唱對臺戲，孔子處處宣導「仁、義、禮」，老子卻稱禮為忠信極為淡薄的產物，是禍亂的罪魁禍首。他們果然是在唱對臺戲嗎？老子在表達什麼？

他不欣賞失「道」而後的「仁、義、禮」，這是為何？這其中的深意值得我們深思。在老子看來：

天下皆知美之為美，斯惡已。皆知善之為善，斯不善已。（《道德經》第二章）

這是因為，當一件事物產生的時候，它的對立面會同時產生，即便是美德，也是如此。所以，老子說當世上的人都知道什麼叫美的時候，醜就產生了；世上的人都知道什麼是善的時候，惡就產生了。就好比是藥，縱然它可以治病，但只要是藥，再好的藥也有副作用。老子不贊成失去大道之後，背離了自然本性，人為地對人進行示範與約束。

更怕有些為政者們「身不用禮而望禮於人，身不用德而望德於人」（《孔子家語·顏回》）。自己無禮，希望他人有禮，自身無德，要求他人有德，的確是禍亂的源泉。如果是這樣，老子說天地之間就會成為一個大風箱，愈是用力，百姓就愈是被折磨。

所以，在老子看來，按照「道」的要求，按理講，上司就應該有德，否則怎麼當上

司呢？子女應該孝敬父母，員工應該恪盡職守。這一切，都是分內之事，用不著時時處處標榜。

這樣看來，老子講得有道理，的確是不用處處標榜，更怕有副作用。但是，孔子為何處處宣導「仁、義、禮」呢？實在是因為，應該如此做，不代表現實中就必然如此做。面對現實，當大道已經有所偏差，人心與人性已經有所偏離的情況下，「仁、義、禮」之類雖然已經不是什麼上善之舉，卻是在現實狀態下的最佳選擇。也就是說，分明知道藥有副作用，可是，既然病已經起來了，還是要治病，該吃藥就吃藥，該打針就打針。孔子思想處處在昭示，在現有狀態下，人應該做出的最佳選擇。

仔細品讀老子、孔子的言語，進入他們的思想，認真思索，無論是源於天然大道，還是人為努力，是從防患於未然的角度，還是有病治病的舉措，目的都是為了保證機體的健康。這個機體，並不是一般的機體，是社會治理體系這個有機體。希望它健康運轉，有效運行，動心起念都在於此。為實現這個目的，先賢聖哲們不遺餘力，反覆叮嚀，既怕不及，講不透，又擔心有所過，走向另外一個反端，可謂用心良苦。

子曰：「為政以德，譬如北辰，居其所而眾星共之。」孔子將有德的為政者比喻為天上的北斗，這其中還有著既美且深的寓意。縱然是斗轉星移，時光變遷，美德的要求如

如不動，將是永恆。

這樣看，孔子之所以堅定，就是因為那至善至美的政治，實在不是一相情願的「人文幻想」，那是曾經的現實，也是充滿希望的未來。

二、詩與政治的關聯？

正在談為政以德，突然話鋒一轉，孔子品評起《詩》來。這在平常人看來，多少有些突兀。

〈為政〉的第二章，子曰：《詩》三百，一言以蔽之，曰：「思無邪。」

政治是講求實效的，是剛硬的，是理性的。但是，詩是浪漫的，是風花雪月的，是溫柔的。這兩者之間的跨度好像有點大，會有怎樣的關聯？如前所說，在中國古代先賢聖哲的思想體系中，價值觀與方法論、理念與通達路徑往往是一個同步的概念，他們在齊步走，這種思維方式，也是孔子的思維邏輯。

回首〈為政〉的開篇，為政以德的本質在講為政者本人要有德。如何實現為政者有德？如何提升上位者的素養，薰化他們的美德呢？離不開教化。在古代的教育體系中，《詩》教是重要的內容。

子曰：「入其國，其教可知也。其為人也，溫柔敦厚，《詩》教也。」（《孔子家語·問玉》）孔子說自己每到一個國家，就知道那個地方的教化情況。教化和文化不是口號喊出來的，不是標語貼出來的，是人們的一言一行在承載和表達。要瞭解一個地方的文明程度，只需到它的公共場所，到最需要排隊的地方，去看一看秩序的情況，再去公共廁所，看一看衛生的情況，就能基本反映出一個大概情況。

詩，是關乎人心的教化，培養的是溫柔敦厚的心性。詩，何以會發揮這樣教化的作用呢？這與詩的源起有關。例如：

春天到了，看到盛開的桃花，人們就有了「桃之夭夭，灼灼其華……桃之夭夭，其葉蓁蓁」的感歎！桃花尚且有這般美好的生命，人呢，應該有怎樣的使命與追求？於是，一個遠嫁的女子是「子之於歸，宜其室家」；「子之於歸，宜其家室」；「子之於歸，宜其家人」。宜室宜家成為女子的本分，只有宜其家人，而後才能教國人。

仲秋時節，當天上升起一輪明月，人們就想問一問「江畔何人初見月，江月何年初照人」？不知道是我先看到了天上的月亮，還是天上的月亮先照到了我？這樣看，詩的本質實在是直接而深刻的生命體悟。也正是因為對生命體悟的直接而深刻，所以若是以一言來表達詩的意蘊，就是「思無邪」，是誠，是正，是真，是善，

是美。有唯美的情感，健全的心智，還有無限的遐想。

詩在表達生活，也是教化之方。事實上，它所發揮的作用更是一種靈動的、關於靈

魂的薰化。如同南方吹來的風，和煦、溫暖、富有人情味，給人以滋養。

人的心地，就恰似一方土，土好，莊稼更易生發得繁茂。心地純正，思緒無邪，正

是為政以德的根基所在。

三、懲惡是為了勸善

接著來了新問題，宣導「為政以德」，會不會忽視刑罰的作用呢？

子曰：「道之以政，齊之以刑，民免而無恥。道之以德，齊之以禮，有恥且格。」

在孔子看來：政令、刑罰、美德、禮制共同構成政治治理的有機體，每一方面都不

可或缺。但是，在具體的施政過程中，以「政令、刑罰」為主旋律，還是以「德、禮」

為主旋律，實在是有所不同。「道之以政，齊之以刑」，就是用政令來統一行動，使得政

行令通，以刑罰來防備奸邪，做壞事要受到懲罰，付出代價，進而使人們不敢做壞事。

但是，懲惡不是終極目的，勸善才是最高宗旨。

所以，換一個旋律，以道德來引導，以禮義來規範，在人們的內心建立一道屏障，

分清是非榮辱，從不敢做壞事，到不想做壞事，生發守法的自覺，才是政治的大道。所以，為政以德的本質是德法兼備，是為政以法。但是，德在前，法在後。教化、引導、示範在前，處罰在後，不得已才用之。

四、孝與政治的關聯

在本篇，有四個小節談論孝道的話題。分別是：

1　孟懿子問孝。子曰：「無違。」樊遲御。子告之曰：「孟孫問孝於我，我對曰：『無違。』」樊遲曰：「何謂也？」子曰：「生，事之以禮；死，葬之以禮，祭之以禮。」

2　孟武伯問孝。子曰：「父母唯其疾之憂。」

3　子游問孝。子曰：「今之孝者，是謂能養。至於犬馬，皆能有養。不敬，何以別乎？」

4　子夏問孝。子曰：「色難。有事，弟子服其勞；有酒食，先生饌，曾是以為孝乎？」

用如此大的篇幅來談論孝的話題，看來這個話題的分量很重。

那麼，孝與政治是怎麼關聯的？

魯哀公曾向孔子請教國家治理的方法，在《孔子家語》、《禮記》均有詳細記載。孔子作了系列論述，講清楚關於君臣、父子、夫婦等關係的處理，說明白「智、仁、勇」

的美德，還談起系列方法。「為政之道講得這樣詳細、完備，綱目並舉，但是從何處下手，從哪裡開始做呢？」哀公提出了疑問。

孔子的回答是：

立愛自親始，教民睦也；立敬自長始，教民順也。（《孔子家語・哀公問政》）如果想教給百姓有仁愛之心，首先從敬愛自己的父母雙親開始。百姓看到自己的國君敬仰父母，就上行下效，會非常自然地孝養自己的父母。如果想教給百姓有誠敬之心，就從尊敬有賢德的人開始。百姓看到賢德之人被尊敬，就會思考自己的職責與使命。如此這般，仁愛、誠敬洋溢於整個社會之中，父慈子孝，兄友弟恭，處處都是正能量。

《大學》云：

孝者，所以事君也；悌者，所以事長也；慈者，所以使眾也。

父慈子孝，兄友弟恭。在此基礎上，會生發自然的影響。由孝親到事君，由敬兄到事長，由敬愛父母雙親到「老吾老以及人之老，幼吾幼以及人之幼」。在此基礎上，仁愛之心再一步推延，施於山川河流，魚蟲鳥獸，人與天地自然就和諧為一。

這樣看來，大孝之道就是大教之方，為政之法盡在其中。

五、政令不通是為政大忌

剛剛談論完孝道的話題，孔子談起了顏回，與本篇的主旨有怎樣的關聯？

子曰：「吾與回言終日，不違，如愚。退而省其私，亦足以發，回也不愚！」

孔子說自己為顏回講學一整天，他卻始終沒有提反對意見，就好像愚笨的人那樣。但事後考察他私下裡的言行，發現他完全能夠理解，並能發揮自己的看法。原來，顏回並不愚笨啊！

對於學習的內容沒有當面提出反對意見，有這樣幾種情況：

第一，完全聽明白了，對老師所講有著深刻的理解與認同；第二，沒有聽得十分明白，認為自己還需要進一步的思考；第三，自認為聽明白了，但心中完全不認同老師的觀點，但出於諂媚或其它原因，也並不當面提出反對意見。

所以，僅是憑藉當面的表現很難識判一個人的心機所在，關鍵還要看他「背後」在做些什麼。顏回的行動是默默思索老師所講的內容，完全地理解，進一步闡發。這樣看，顏回當屬第一種情況，完全聽明白了，對老師所講有著深刻的理解與認同。

看似孔子在講顏回對於自己所教的態度，實際上這其中有著極為深刻的寓意。政令

的執行者對於政令的態度同樣有三種情況：

第一，真正的聽明白者、認同者，會「退而省其私，亦足以發」，將政令落實到位，並且舉一反三，實施更加務實、高效、細化的操作措施。非但是不愚，實在是極為聰慧。

第二，沒有聽得十分明白，但是政行令通，會不打折扣地執行政令，但知其一，不知其二，很難變通，總是會對政令的執行留下隱憂。一方面，當有人提出反對意見的時候，可能會動搖；另一方面強硬地執行，大家不服氣。

第三，自認為聽明白，但心中完全地不認同者最可怕。當並不提出反對意見，但背後亦決不行動，政令不通是為政的大忌。

對於為政來講，尤其需要「退而省其私，亦足以發」這樣的執政者。

六、一呼一吸之謂道

在本篇的末章，子曰：

非其鬼而祭之，諂也。見義不為，無勇也。

古人以祭禮教敬，透過祭祀天地、神靈、祖宗，表達仁愛感念之心，表達尊天敬

地，勿忘本初。問題是，儘管祭祀如此重要，還是有當祭與不當祭之分，若是不當祭而祭，不是自己的祖宗也哭，祭祀的目的和意義就發生了根本性變化。可能因為另有所圖，心生諂媚，諂媚很容易混淆仁慈。這就是「非其鬼而祭之，諂也」。

另一方面，若是當尊不尊，就是無勇，當為不為，也是無勇。孔子說他自己是「事君盡禮」，人們卻以為他諂媚。在禮崩樂壞的年代，真理往往站在世俗的對面。

本章放在篇末，意義重大，與首章「為政以德，譬如北辰，居其所而眾星共之」首尾呼應。為政以德的最高境界是各居其所。若是本篇的首章在強調北極星當居中而行，領導首先要有德，篇末的重心則落在了「眾星」應該如何做，群眾應該怎麼辦？若是一味地「共之」、「非其鬼而祭之」，就是諂媚。反之，若是「當尊不尊」、「見義不為」，就是無勇，二者都偏離了當位而行。只有各居其所，各當其位，才能真正地實現相互傾慕吸引，而不彼此凌越，才有「居其所而眾星拱之」，繁星滿天際。

按照《論語》的邏輯，每一篇章的首尾，都有一個很深的呼吸在其中，這是生命的氣韻，一呼一吸之謂道。

第三章　禮，就是理

—〈八佾〉第三

按照《論語》的邏輯，〈八佾〉是對上一篇〈為政〉的延續。

〈為政〉的主旨「為政以德」，這是政治治理的大道，是政治的方向。有這樣的「道」在最前方帶路，方向清晰，才會有北極星安然居中，眾星環繞，燦爛星河，繽紛但是有序。

「為政以德」首在為政者本人有德。如何實現為政者有德？或者若是為政者的德性出現偏差如何修正？自古以來，先賢聖哲都在做這樣的思索。

我們的先祖在思考問題的時候，就想到人間有人事，人間有君臣父子。但凡是有人，就要有相應的職責與擔當；有事，就要有相應的治理方法，都要遵行一定的道理。有序，天上有天象，天上有日月星辰，就想到人間有人事，人間有君臣父子。但凡是有人，就要有相應的職責與擔當；有事，就要有相應的治理方法，都要遵行一定的道理。有序，天上有天象，天上有日月星辰，就想到人間有人事，人間有君臣父子。但凡是有人，就要有相應的職責與擔當；有事，就要有相應的治理方法，都要遵行一定的道理。有序，

有位，才能各安其位，這就是禮了。

孔子說：

夫禮者，理也。（《孔子家語・論禮》）

禮義的「禮」，也就是道理的「理」。理什麼？理萬物者也。《禮記・禮器》說：

禮也者，合於天時，設於地財，順於鬼神，合於人心，理萬物者也。

禮，是萬物井然有序，安然存在的道理。

〈為政〉談「道」，〈八佾〉談「理」，道理便由此而生。

一、不可逾越的底線

禮如此重要，可是若有人不守禮，且是一個「高官」不守禮，孔子怎麼看？

〈八佾〉的開篇就是這樣一個例子。

孔子謂季氏：「八佾舞於庭，是可忍也，孰不可忍也？」

季氏是魯國的大夫。八佾，在古代的樂舞中，八個人為一行，一行稱為一佾。八佾

就是八行，八八六十四人。以祭祀樂舞而言，所能享有的表演人數，按祭主身分不同，

是各有定數。按周代禮制的規定，天子八佾，諸侯六佾，大夫四佾，士二佾。四佾才是

季氏所應該享用之禮，但是季氏以「八佾舞於庭」，在自家庭堂上跳起只有周天子才可配享的樂舞，實在是僭越的行為，是非禮的舉動。

從表面來看，不就是跳個舞？只是，按照禮的要求，季氏應該享用四佾，在他家堂上最多只能有十六人跳舞，不過是多了一些人跳。可是人家是在自家跳舞，孔子至於如此「忍無可忍」嗎？到底是什麼使得「溫、良、恭、儉、讓」的君子發起了脾氣？

講到「溫、良、恭、儉、讓」有一個典故。子禽曾經向子貢請教，他看到孔子每到一個國家，一定得知道這個國家的政事。不知道這一切是他自己打聽得來的，還是人家主動告訴他的呢？子貢的回答是：

夫子溫、良、恭、儉、讓以得之。夫子之求之也，其諸異乎人之求之與！（《論語·學而》）在子貢看來，無論是主動地打聽人家的政事，還是人家主動地將施政情況來相告，這不是問題的關鍵。只要是志同道合，以成其事，本質都是一樣的。

到這裡，我們再來品一品《論語》的開篇，孔子曰「有朋自遠方來，不亦樂乎」！按照我們的理解，這一言的本質表達了孔子在尋找志同道合之人，如果有志同道合之人，將不亦樂乎！只要是志同道合，可以一起去實現天下大同的那個理想，無論是我在此處，你前來相邀，還是你在彼處，我主動前往，本質都是一樣的。所以，孔子的本質與

魅力在於他「溫、良、恭、儉、讓」，這使得他有能力探知到別國的政事，也有可能是別人就樂意主動將自己的民風民情來告訴他。

現在，溫柔敦厚、謙恭善良的夫子發脾氣了。到底是什麼使得「溫、良、恭、儉、讓」的君子發起了脾氣？是不是有點小題大作？

讀懂孔子，讀懂〈八佾〉，需要對中國傳統的禮樂文明有著整體的認知和把握。禮樂文明是中華文明的底色。禮樂文明經過上古三代的長期培育，到西周時期，最終建構起了一套倫理學、教育學和政治學的體系，也構建了一套宇宙哲學，有著崇高的理想追求及通達達路徑。

禮樂文明果然有這樣巨大的作用嗎？今日的我們經常談起要有文化自信這樣的話題，文化自信可不是一句空話。自信的底氣從哪裡來？實在是需要文化自知，需要深深地瞭解，從源頭處瞭解。有自知，才會有自信，有瞭解，才能有理解。何為文化？我們的先祖有這樣的表達：

觀乎天文，以察時變；觀乎人文，以化成天下。（《周易・賁卦・象傳》）

中華文化以天地之德作為智慧的源泉，以人心與人性為根基，不僅是完備的理論體系，更是至高的科學。有什麼樣的智慧能出離天地的智慧？還有什麼樣的智慧能脫離人

心與人性的根基？

我們還是以「禮」為例，就禮的源起，來談中華民族文化的源泉與根基。

首先是看天，天在上，地在下，萬物在中間，山川河流、魚蟲鳥獸各有不同。有不同，就有相同。人以群聚，物以類分，就是同。處理好同與不同，需要禮，禮是天地之序，在天地的秩序中，知其所止，才能和平共處。在古代，每年的十二月份，要祭祀各種神靈，被稱為臘祭。祭祀的時候，要唱歌給神靈聽，稱為蠟辭。據說，自神農氏就已經這樣唱了，何曲何調不清楚，但是歌詞傳了下來：

土反其宅，水歸其壑，昆蟲毋作，草木歸其澤。（《古詩源·伊耆氏蠟辭》）

土，歸返它本來的地方。水，回到它應在的渠壑。昆蟲不要為非作歹，草木在土地、陽光的潤澤之下茁壯成長。只有各安其所，才有欣欣向榮。反之，若是土不安分，會怎樣？會有泥石流；水不安分，會有洪災；蟲不安分，會有蟲災。自然界中的一切，安分守己是多麼重要。一旦它們不安分，真正遭殃的是誰？是人類。

現在，有些人對於安分守己這樣的詞語較為敏感。一提到安分守己，就好像與「現代文明的因數」，諸如「自由」之類衝突。恰恰相反的是，只有真正安分守己的人，才可可真正享有充分的自由。想想是不是這個道理？

當然是如此。那些不安分的分子，犯了罪過，第一項就是剝奪他們的人身自由。如果我們進行冷靜的深思，但凡是不安分之人，要麼現在已經沒有了自由，要麼就在大步奔往不自由的路上。

中華民族自古就重視充分的自由，在上古時期，人們流行玩一種遊戲，將一塊木片放在地上，站在一定的距離之外，用另外一塊木片向其投擲，投中者勝。不僅玩遊戲，還邊玩邊唱：

日出而作，日入而息。鑿井而飲，耕田而食，帝利於我何有哉！（〈擊壤歌〉）

這樣看，世外桃源式的理想生活不是陶淵明的年代才有，自古便有之。

反之，若是沒有安分守己，又會如何呢？

強者威脅弱者，人多欺負人少，聰明的人欺騙愚笨者，膽大的人胡作非為，將無理誤會成勇敢，有病得不到救治，老幼孤獨等弱勢群體無人關照，一片大亂。

為什麼會產生這樣的境況？孔子曰：飲食男女，人之大欲存焉。（《孔子家語·禮運》）

人們透過「飲食」來延續個體的生命，以「男女」來延續群體的生命，如此才有生命的延續，才有生生不息。所以，飲食男女是人最基本的欲望與需求。人們對於飲食的

需求，可以進一步延伸，延伸為物質的追求；對於男女的欲望，可以進一步延伸，延伸為精神的需要。

但是，欲望需要規範和引導，以禮來規範和引導。

為什麼要對人的欲望進行規範和引導呢？實在是源於人心和人性。

正常的欲望與需求，當然沒有問題。但是，怕的是：

好惡無節於內，知誘於外，不能反躬，天理滅矣。（《禮記‧樂記》）

如果內心喜好什麼、厭惡什麼沒有節制，外物不斷地從外面引誘，又不能反省自己，原來正當的欲望就會偏離了方向，產生了偏差，留有不斷膨脹的欲望，還有由「膨脹的欲望」帶來的系列惡果。比如，強者威脅弱者，人多欺負人少，坑蒙拐騙，投機取巧，一片大亂。

人云「道高一尺，魔高一丈」。魔在何方，魔真的就在外面嗎？魔不在外，在內，人最可怕的是自己的心魔。王陽明云「破山中賊易，破心中賊難」。要節制這個心魔，唯一的方法就是禮，要知其所止，要安分守己。

所以，在孔子看來，「禮」是維護社會有序運轉的基石。禮是底線，也是高壓線，一旦淩越，將害人害己。事實也是如此，季氏不安分，奪了魯公的權；接著季氏的家臣陽

虎就不安分，又奪了季氏的權；再接著又有人奪了陽虎的權。這就是上梁不正下梁歪。

在原則性問題上，不能有絲毫退讓，怕的是得寸進尺，人的本性就是如此。若是這個邊界可以逾越，帶來的將是整個社會治理體系的崩塌。「八佾舞於季氏之庭」，不是跳舞那麼簡單，相當於象徵國家威儀的「儀隊」，出現在了地方政府的會客廳，這樣真的是亂了套。如果這樣的事情可以忍受，忍心讓它發生，就沒有什麼不能做的了。這樣的事情在發生，禮崩樂壞的確不是虛言。恰是因為禮崩樂壞，講禮、守禮更是重要和必需。這是孔子的底線，是孔子的堅守。

美國有一部非常暢銷的小說──《麥田捕手》，小說中的主人翁嚮往東方哲學，提出長大成人後想當一個「麥田捕手」。「麥田捕手」是怎樣一種角色？他說：

有那麼一大群小孩子在一大塊麥田裡玩遊戲。幾千幾萬個小孩子，附近沒有一個人──沒有一個大人，我是說……除了我。我呢，就站在那危險的懸崖邊。我的職務是在那兒守望。要是有哪個孩子往懸崖邊奔來，我就把他抓住──我是說孩子們都在狂奔，也不知道自己是在往哪裡跑，我得從什麼地方出來，把他們抓住。我整天就做這樣的事。我只想當個麥田捕手。

其實，無論是讀小說，還是讀經典，都需要具有一種參透的能力，透過文字看到它

所承載的道理。小說的角色，往往都有隱喻的特徵。比如，講到「有那麼一群小孩子在一大塊麥田裡玩遊戲」，小孩子其實就是無知與懵懂的代名詞。而「沒有一個大人」，大人代表著智慧與權威。正是因為沒有智慧與權威，所以無知與懵懂才會橫行，才會狂奔。不是一個兩個，是有幾千幾萬個小孩子，向著懸崖奔來，但不知道自己是在往哪跑。得有人從什麼地方出來，把他們抓住，孔子在做這樣的事情。

二、築起道德的堤防

學好不易，學壞實在不難。道德就像洪水，一旦決堤，滿眼都是氾濫之景。

有了季氏在自家堂上跳「八佾之舞」，接著就有了孟孫、叔孫的「爭相仿效」。孟孫、叔孫與季氏同為魯國的大夫，是魯國政權的實際掌握者。這三家在祭祀結束撤去祭品時，唱誦周天子才能配享的樂詩。

子曰：「『相維辟公，天子穆穆』，奚取於三家之堂？」

「相維辟公，天子穆穆」，講的是「天子主祭，諸侯助祭」之事，是至高的禮儀，端莊肅穆，表達著天地間的肅雍和鳴，實在是美。說到「肅雍和鳴」，肅，在表達敬；雍，在表達和。恭敬和順是這首曲子的主旋律。

一個無有恭敬和順之心的廳堂之上，演奏著以恭敬和順為主旋律的曲子，實在是莫大的諷刺。估計季氏等一群人也不知道這曲子在表達什麼。

所以，縱然是至善至美，若是不應該擁有，也當是「富與貴是人之所欲，不以其道得之，不處也」。如「窈窕淑女，君子好逑」，但若是「求之不得」，也當是「鐘鼓樂之，琴瑟友之」。但是，當失去了大道，失去了為政以德的導向，逾越了禮的邊界，權力就成為縱容貪婪的助推器。

其實，每一種生活現狀都有著誘發不良習性的可能。如生活在奢華之中，所帶來的不良習性就是「不遜」，容易飛揚跋扈，富貴而驕。在簡陋的環境中，就容易小家子氣。一定要在這兩者之間選擇，孔子的選擇是寧可「小家子氣」，也不願意「飛揚跋扈」。

看來，人窮，沒有地位時會有很多毛病，但人若是富了之後，掌握權力後做起惡來更可怕。一旦如此，對於權力的擁有者來講，人生最大的意義是樂於擁有一切他們認為的「好東西」，比如「八佾之舞」，卻不去考慮是否應該擁有。樂於享受他們所謂的尊貴，比如「相維辟公，天子穆穆」，而他自己卻不必是善的。

三、樂在表達禮，豐盈飽滿

我們的先祖，談禮必然要談樂，禮樂不分家。就如同談天必然要說地，講理就要說情，講德就要提法，講道就離不開器，有分就必然有合。禮主分，樂主合。樂在表達禮，使禮的表達更加豐盈。

在《樂記》中有這樣一段關於樂舞的表達：

先鼓以警戒，三步以見方，再始以著往，復亂以飭歸。奮疾而不拔，極幽而不隱。

這是一段樂舞，但包含很多道理：

首先，為什麼樂曲的起始要先敲鼓？它在講做一件事情，首先要有自信和氣場。以鼓聲來提振士氣，警戒眾人，所以「先鼓以警戒」。

有信心，還要有行動。好的計畫，是成功的一半。好的規劃，是導航器。計畫要做得具體可行，打算好第一步做什麼，第二步做什麼，第三步做什麼。三步的打算就可以看到一個光明的方向，此為「三步以見方」。

在事情行進的過程中，一方面向前看，還要回頭看，不斷地夯實基礎，總結經驗，改正不足，這就是「再始以著往」。

還要明曉關於目標的達成，尤其是集體目標的達成，需要的是步調一致，不是一個人沖出來就可以解決問題，而是整個團隊在向前走。在集體行進的過程中，步調快的要等一等，步調慢的要加緊速度跟一跟，最終步調一致，此為「復亂以飭歸」。

行動果敢，但不要貪功冒進，這是「奮疾而不拔」。

志向是一種信念，正在默默積聚著的信念。有時是在隱忍中升騰希望，平靜中走自己的路，貴在不捨不棄，此乃「極幽而不隱」。

總之，人生有追求，執守不改變。

《樂記》云：

獨樂其志，不厭其道，獨樂其志，備舉其道，不私其欲。

有著純正的心念，獨樂其志，執守如一，不捨不棄，這是「樂」的主旋律，亦是生命的主旋律。在「樂」中品思到這般的美德，將自然生發行動的力量，此種力量在心底洋溢，成為動力源泉，源頭活水，心中有個小宇宙，有個發電廠。

在本篇，孔子與魯國的樂師談論起「樂」：

子語魯大師樂，曰：「樂其可知也：始作，翕如也；從之，純如也，皦如也，繹如也，以成。」

在孔子看來，樂是可知的。剛剛開始的時候，靜氣凝神，就如人的心志在萌發一般，即為「翕如也」。再聽，「純如也」，心志就是應該專注於一志，至誠。再聽，就是「皦如也」，心志開始彰表，樂調明快。再聽，就是「繹如也」，樂音綿延、餘音嫋嫋。

如《中庸》所言：至誠無息，不息則久，久則徵……用一顆至誠的心，永不止息，悠久則成物，功到自然成，水到渠成。在樂中，世事人情，理想與志向，現在與未來都得到深情地彰表，得到證驗。如羅曼‧羅蘭講的那般，音樂甚至是一個從未表達出來的、完整的內心世界的唯一見證。

人可以知樂，樂亦可以知人。孔子評價《韶》樂：

盡美矣，又盡善也。

評價《武》樂：

盡美矣，未盡善也。

《韶》：舜時之樂。《武》：周武王之樂。孔子心中的王者形象是君臨天下，造福萬民。「堯、舜、禹、商湯、周文王、周武王」都符合孔子心中王者的期許。但是他們之間又有不同，比如在堯、舜、禹的時代，奉行的是禪讓制，將權力交給最應該擁有它的人，盡善盡美。《韶》就是舜時的音樂。

到了周文王、周武王時期，情況有所不同。商紂王為虐天下，百姓生活在水深火熱之中，武王伐紂的故事在上演。縱然武王伐紂的這支隊伍是一支王者之師、正義之師，但凡是動用武力，必然有生靈塗炭。所以，孔子評價《武》樂，是「盡美矣，未盡善也」。

看似在談論樂，本質還是在談論天下的道理，在談論禮。當樂被賦予了情性，樂的本質就是在表達禮，豐盈飽滿。

四、禍亂的根源

在本篇的末章，子曰：

居上不寬，為禮不敬，臨喪不哀，吾何以觀之哉？

就這樣短短的十幾個字，卻把春秋末年失禮混亂的現狀，表達得一覽無餘。

本章也是對〈八佾〉全篇的一個總結。對於禮的執行，貴在自我要求，對於身居上位者，更是如此。也就是「居上要寬，為禮要敬，臨喪要哀」。在上位者要有寬厚之心，為禮之人要有誠敬之意，面對喪事，哀悲是主旋律。若是反此，「身不用禮而望禮於人，身不用德而望德於人」，自己無禮卻希望他人有禮，自身無德卻希望他人有德，

就會成為禍亂的源泉。

在孔子看來，天下無道，政治混亂，最根本的原因在於在上位者，在於為政者失去了他們應該有的禮儀法度。如果民風不正，一定是官風出了問題。是因為他們「為上不寬，為禮不敬，臨喪不哀」，導致整個社會失序的癥結就在此處。

讀到這裡，我們再來品一品〈八佾〉的篇首：

孔子謂季氏：「八佾舞於庭，是可忍也，孰不可忍也？」

孔子為什麼說「是可忍也，孰不可忍也」？「八佾舞於庭」不是多幾個人跳跳舞那麼簡單的事情，實在是因為這是禍亂的源泉，如果這樣的底線可以逾越，天下就會一片大亂。有些事真的是不能忍心做，也不能忍受別人去做，此為「忍無可忍」。

第四章　覺知與超越

──〈里仁〉第四

《論語》的第三篇〈八佾〉，主旨就是在談「禮」。

所謂「禮者，理也」，禮義的禮，也就是道理的理。理什麼？《禮記》云：理萬物者也。世間的萬事萬物，有哪一個、哪一件可以離開「禮」？

禮，是萬物井然有序、安然存在的道理。既然禮是萬物存在的道理，何為禮的源泉、禮的保障？

《論語》第三篇〈八佾〉就說到這樣的問題。孔子曰：

人而不仁如禮何？人而不仁如樂何？

如果沒有內在的仁愛感念之心，如果沒有守禮的自覺，來談禮、說樂有何意義？

仁愛之心，感念之情，守禮的自覺，這是禮樂文明的底色，是禮樂文明根基之所

在。「仁」，便是守禮的自覺，是人性的自覺，是自我的覺知。

《論語》的第四篇〈里仁〉，主旨就是在談「仁」，談自我的覺知，因自覺而自在，由自覺而覺他。《論語》篇章之間，就是這樣邏輯嚴整。

為什麼禮樂的源泉是人性的自覺，是守禮的自覺？

商鞅在《商君書》中講到：

國皆有法，而無使法必行之法。（《商君書・畫策》）每個國家都有法律，可是，又有哪部法律可以保證法律得到執行？

明代張居正曾感歎道：

天下之事不難於立法，而難於法之必行。

講的是同樣道理。所以，孔子認為，社會管理理想的境界和狀態是：

道之以德，齊之以禮，有恥且格。（《論語・為政》）

以「德」來引導「法」，以「禮」來引導「刑」，在人的內心建立起一道堅實的屏障，由不敢犯法，到不想犯法。

只有這樣，才能在道德的範疇產生超越的價值，具有約束的力量。也就是我們現在所言，如果沒有法治精神、法治風尚，法治只能是無本之木、無根之花、無源之水。

仁愛之心，人性的自覺，守禮的自覺，就是法治精神，是法治風尚。因為法律的意義實在不在於處罰人，而在於警戒人，使人們不敢犯法，不願意犯法，天下沒有人打官司才是最好。

一、人性的自覺來自哪裡？

如何修得那人性的自覺？〈里仁〉開篇點題。

子曰：里仁為美。擇不處仁，焉得知？

什麼是「仁」？關於「問仁」的話題，《論語》中有很多很多處，孔子的回答不盡相同。

顏淵問仁。子曰：「克己復禮為仁」。（《論語‧顏淵》）

樊遲問仁。子曰：「愛人」。（《論語‧顏淵》）

樊遲問仁。子曰：「仁者先難而後獲，可謂仁矣。」（《論語‧雍也》）

不同的學生問同一個問題，孔子有不同的回答。同一個學生問同一個問題，孔子還是有不同的回答。

有人講這就是夫子教育的智慧，因材施教。

事實是如此，又不僅僅是如此。每每有弟子問「仁」，孔子的回答都是實現「仁」的路徑之一，所謂「條條大路通羅馬」。亦如佛家所言，有「四萬八千法門」。每次的問對，既有針對性，又不僅僅局限為一處之問對，一人之問對，而是孔子教我們一個法門，一條入道的路徑。立體觀照，然後對號入座，就是為學的智慧了。

但是，要在今天找一個詞語與「仁」完全對應，無論是「克己復禮」還是「愛人」，都相近，但是又都不是，無可替代，「仁」就是「仁」，我們還是要稱它為「仁」。

里仁，就是居於「仁」、止於「仁」、依於「仁」、無終食之間違仁。行、住、坐、臥都和「仁」在一起，都和自我的覺知在一起。

在孔子看來，一個君子，應該以「仁」為美。離開了「仁」，智就無從談起。我們說一個人德才兼備，如果一個人無「德」，「才」就無從談起。

如果沒有高尚的人性，再高級的靈性都沒有價值。現在，有些高校出現一些極端事件，自傷者、傷人者時有發生。哪個事件的主角沒有高級的靈性？但是失去了高尚的人性，就如同是偏離了軌道的列車，速度越快，就越危險。

孔子有自己關於美、善的標準，居於「仁」、止於「仁」、依於「仁」、無終食之間違仁，方是美，高尚的人性最重要。

我們要講一講「止」這個字。

《大學》云：知止而後有定。

「止」是出發點，是立足點，還是目的地。

關於「止」，《詩》云：「緡蠻黃鳥，止於丘隅。」讀了這詩，孔子說：於止，知其所止，可以人而不如鳥乎？

孔子認為連黃口小鳥都知道自己應該止於何處，停在山丘的石頭之上比較安全，人怎麼能不如鳥呢？若是違背於此，就是「擇不處仁，焉得知」。「擇不處仁」的人實際上是沒有智慧可言的。

以「仁」來引導「智」，相當於以「道」來引導「器」，以「禮」來引導「樂」，以「德」來引導「法」，以「義」來引導「利」。雙方不可或缺，一體兩面，和諧統一，本末兼顧，同時有先有後，怕的是本末倒置，就會天翻地覆。

這是《論語》非常重要的一個思維邏輯。

讀到這裡，我們一起來回顧一個問題。孔子講過「君子不器」，難道一名君子不需要具備一定的能力和才華嗎？若是沒有一定的能力和才華，如何來成就事業呢？這其中蓄含著一個很深的道理。「器」如耳、目、鼻、口，各有所用，但是不能相

通，「心」才是一身之主。是以耳目來引導心志，還是以心志來引導耳目，有著完全不同的結果。孔子認為一名君子應該以心順導耳目，當他做事情憑著良心的時候，就會一身正氣，見義勇為，行俠仗義。小人的心被耳目掌控，聲色美味，見之欲取，明明是不遜、驕傲、蠻橫，自己還誤以為是勇敢。

所以，「器」本身一定是雙刃劍。刀子，可以削水果，造福於人，可是有人用它來傷人，就很麻煩；原子核，可以產生巨大的能量，用來發電，威力無窮，若是用來戰爭，將給人類帶來毀滅性打擊。

同樣的道理，若是將「器」喻義為具體做事情的能力，不是講這個能力不重要，而是在這個能力使用之時要明確一個根本，以向善利人為出發點。這樣，能力才有一個正確的導向，真正地具有意義，長久，不偏離。這個根本也可名之曰「道」。

所以，古人云「道器不二」，道以「無」的方式使「器」有用、中用。道以器為托身，器要追隨道，做人要以做事為依託，做事首要遵循做人應有的美德。此乃：「君子不器」，方成「大器」。

所以，君子不器的本質在於講求「道器合一」，不拘於一定的用處，但是做一行愛一行，且能幹好一行，這才是真正的君子，真正的「君子不器」。

再回到我們剛才講到的話題。

按理講，人不應該不如鳥，但是人真的就如鳥一樣「知其所止」嗎？其實也未必。

「知其所止」，「止於仁」，其本質是一種人性的自覺。但是真正實現仁，卻是學習與修養的結果，需要內在的自我覺知與外部環境相互影響，不停地互動。自我的覺知與外在環境互參互動，互為化生，也是《論語》的重要邏輯。

俗話說：心靜自然涼。天氣熱的時候，需要心靜。那麼，是心靜了自然涼，還是自然涼了就心靜？有時會心靜自然涼，有時會外面涼了就心靜，實在是無法在兩者之間比個高下。重要的是，在我們可以努力的方面，盡到自己的心。

比如，自己的現狀是人微言輕，對環境影響的能力很弱，就要告訴自己「心靜自然涼」。盡自己的最大努力，守住一方靜土。若是自己的現狀是擲地有聲，有一定的影響力、發言權，就要知道「外面涼了就心靜」，為他人營造一個好的環境。

里仁為美，是在講選擇與有仁愛之心的人相處，就是「智」了。當然，里仁為美，還是心裡美，心中有個桃花源，處處都是水雲間。

二、知止而後有定

仁，源於人性的自覺。覺知到什麼？《大學》引用〈太甲〉的話「顧諟天之明命」，覺知到自我的光明本性。自我之光明本性，本身就天然存在，但是人這個主體可是時常顧及到了它，莫使這世間的塵埃覆蓋了它。

本性如同日光常清，如同月光常明，但是當浮雲覆蓋本性的時候，如同水起波浪，困頓、安樂都為之所動，偏離了中正。貧窮之人易於「諂媚」，富貴之人易於「驕縱」；在高位者易於居高臨下，吆三喝四；在下位者易於向上攀援；窮困之人易於投機取巧，行險以僥倖，在安樂之中又易於樂極生悲。

更多的時候，有些二人在完全的兩端，都是極端。面對困頓與安樂、貧與富、賤與貴、上與下、得與失，均安之若素，唯有高度自覺的人才能做到，只有仁者才能安仁。

所以，自我的覺知是安身立命的根本。自覺者安於這種自覺，而真正的智慧將成就這種自覺。此為「仁者安仁，知者利仁」。

也只有基於真正的智慧，才能做出理性的價值判斷。孔子認為：唯仁者能好人，能惡人。

在我們先人的思維模式中，人之光明本性，即為天地之本心，人與天地同在。覺知到光明本性，就可以超越那個小我的好惡，不以物喜，不以己悲，得天下之正。《大學》中也講到這個道理：

所謂修身在正其心者，身有所忿懥，則不得其正；有所恐懼，則不得其正；有所好樂，則不得其正；有所憂患，則不得其正。

當個人的忿懥、恐懼、好樂、憂患之情產生時，朱熹稱之為「欲動情勝」，在情緒之中，就很難對事、對人做出理性的價值判斷，衝動是魔鬼。可是，這「忿懥、恐懼、好樂、憂患」分明就是人之常情，人人有之。所以，我們的先祖不是講要徹底消除這樣的情感。

原憲曾向孔子請教一個問題：

「克、伐、怨、欲不行焉，可以為仁矣？」子曰：「可以為難矣，仁則吾不知也。」

（《論語‧憲問》）

在原憲看來，一個人摒棄了「好勝、自誇、怨恨、貪心」，應該差不多算是仁人了！但是，孔子怎麼看？孔子認為要做到這些是夠讓人為難的，是不是為仁？自己不知道。這個道理很是深刻，人要平心而論，將心比心，若是「好勝、自誇、怨恨、貪心」

都是人本性的一部分，真的能夠完全摒棄嗎？若是不能，若是為難，就需要對其進行慎重地思考。對於人性予以充分的尊重，理性認知。

當然，這樣做並不代表默許、默認，更不代表縱容。關鍵是在哪些方面好勝，又在哪些方面有所欲求？若是以好勝之心追求技術上的進步，追求學業上的精進，又有何不可？反之，一切違背人性的言行，就如孔子所講，是為難。是不是為仁？不知道。

同樣的道理，對於「忿懥、恐懼、好樂、憂患」這樣的情感，不是要消除之，人也沒有消除的能力。而是要保持覺知，保持警醒，盡而保持一個距離，這個距離就是感性與理性的距離，就是人欲與天理的距離。縮短這兩者之間的距離，就是學習與修養的價值了。

三、因覺知而超越，因自覺而自在

一名真正的仁者，因覺知而超越，不僅可以超越偏激的情緒，還將超越現實的境況。

子曰：富與貴，是人之所欲也；不以其道得之，不處也。貧與賤，是人之所惡也；不以其道得之，不去也。

在現實的生活中，一個對於財富與地位患得患失，將希望和害怕都集中於自我的人，是不能鎮定自若地看待富與貴、貧與賤的，很難有真正的超越。

對於這一點，老子認為：

寵為下，得之若驚，失之若驚，是謂寵辱若驚。（《道德經》第十三章）

集萬千寵愛於一身，很多人都嚮往之，係求之不得之事。可是，老子為什麼說「寵為下，得之若驚，失之若驚，是謂寵辱若驚」？這其中實在是有人們第一眼看不到的智慧。如果當「有所得」成為一個人幸福源泉的時候，得到金錢，得到地位，得到聲名，得到榮耀。那麼當他面對「有所失」的時候，他能夠全然地承擔嗎？

所以，當富與貴、貧與賤的境況有所變化的時候，對於寵辱若驚的人來講，往往會摧毀他原來生活的世界。這就是老子為什麼講「寵為下，得之若驚，失之若驚」。

然而，一個可以看清真相的人，對自我有著真正覺知的人，得失都不會成為幸福的源泉，是內心的自然而然，來者不拒，過往不咎，會有著真正的超越。

要知道，這種超越不是虛空，是真切的現實，是真實的存在。仁者因自覺而自在，這是生活對於仁者的最佳回報。於是，就有了《中庸》所云：

君子素其位而行，不願乎其外。素富貴，行乎富貴；素貧賤，行乎貧賤；素夷狄，

行乎夷狄，素患難，行乎患難：君子無入而不自得焉。

富貴、貧賤、夷狄、患難，貴在當位而行。關於當位而行，貧者當何為，富者當何為？在《論語・學而》中，子貢和孔子之間有一段對話：

子貢曰：「貧而無諂，富而無驕，何如？」

子曰：「可也。未若貧而樂，富而好禮者也。」

子貢曰：「《詩》云：『如切如磋，如琢如磨』，其斯之謂與？」

子曰：「賜也，始可與言《詩》已矣。告諸往而知來者。」

在貧困時不諂媚，在富足時不傲慢，這本就是清正做人的原則，一名有境界的君子方可實現。然而孔子還示出了一個更高層次的追求，不如「貧而樂，富而好禮者也」。

仁者因自覺而自在，即為《論語・述而》中孔子所言：

飯疏食飲水，曲肱而枕之，樂亦在其中矣。不義而富且貴，於我如浮雲。

吃粗糧，飲冷水，彎著手臂當枕頭，對於一般人來講，這樣的生活必是苦的。但對於孔子來講，在紛爭中堅定，超越一切無常的浮世榮華，人生便有了境界說。如同窗外的月光，寧靜、美好，那不是傳說，而是現實。粗茶淡飯亦是樂在其中，但若是富貴取於不義之舉，不當得之行，就如天上的浮雲，讓它飄過。

仁者因自覺而自在，自在的最高境界就是「道」境了。

子曰：「朝聞道，夕死可矣。」

何為道？老子曰「道可道，非常道」，能夠用語言講清的道，可能就不是真正意義上的道了，老子都講不清，現在我們也不一定要給它一個概念。但「道」真的是偉大，孔子說他自己若是早上聽聞到「道」，晚上駕鶴西遊都沒有遺憾！

有人認為，孔子說「朝聞道，夕死可矣」，孔子聞道之迫切，可能還沒有聞道。事實是，在朝夕、旦暮、生死之間，孔子從來沒有離開過「道」。他在「道」中，做好了所有的準備，包括死。如此，孔子便始終在飽滿的價值理想中興起，在燦爛的生命境界中行走。任重而道遠，堅忍而不拔。

這個境界大約就是「道境」了。王國維在《人間詞話》中講到：「詞以境界為最上，有境界則自成高格，自有名句。」人亦以境界為最上，有境界亦自成高格，自有仁人。

四、因自覺而覺他

仁者的境界，即為自覺者，自覺還有一種解釋，就是自己能夠管得了自己。一個自己管得了自己的人就能謹言慎行，舉止有度，自然過失就少。

反之，若是自己管不了自己，心猿意馬，如同馳騁於田野，令人心發狂，行動隨著心思飄忽，從心所欲而傷人害物。

管得了自己，就會因自覺而覺他。

子曰：「德不孤，必有鄰。」

自己有魅力，才有吸引力，吸引到應該吸引之人。

何德不孤？就是里仁為美。一顆紅心「依於仁」，行動上「止於仁」，此為美。心裡美，環境美，則各美其美，美美與共，天下大同。天下大同，即為孔子的理想了，也是天下人的嚮往。

本篇的末章是子游的話。

子游曰：「事君數，斯辱矣；朋友數，斯疏矣。」

數，就是繁瑣。子游認為事奉君主，也就是領導，過於繁瑣，會招致侮辱；對待朋友過於繁瑣，反會被疏遠。一名君子「依於仁」，「止於仁」，靠的是內在的自覺，自己是最為強大和根本的力量。如果一個人自己不想去改變自己的思維態度，已經形成一種僵化的行動習慣，在許多應該堅信的方面是懷疑的，應該授受的地方是固執的，那麼別人的勸說所發揮的意義是不大的。

什麼是在許多應該堅信的方面是懷疑的，應該授受的地方是固執的？老子將人分成

三類，上士、中士、下士。《道德經》第四十一章說：

上士聞道，勤而行之；中士聞道，若存若亡；下士聞道，大笑之。不笑不足以

為道。

上士之人聽聞道，會勤而行於其中，知行合一，信解受持。比如，一名上士聽到

「君使臣以禮，臣事君以忠」，會信心清淨，身體力行。如果他是君，他將彬彬有禮，如

果他是臣，他將忠心誠敬。當然，在更多的時候，每個人都是多種角色的複合體。

同樣還是聽到「君使臣以禮，臣事君以忠」，中士就會半信半疑，「若是我對他人有

禮，可是他人對我無禮怎麼辦？若是我對他人忠心，他人對我不忠怎麼辦？」這是中士

的行為。

下士聞道，直接是哈哈大笑、嘲笑，還是不可思議之笑。他會不解地認為「傻不

傻」。很多人都是想怎樣就怎樣，按照自己的性子來，或者投機取巧，也能取得「成

功」。竟然還有人宣導「君使臣以禮，臣事君以忠」？在下士看來，這樣的做法真的是

傻，可笑極了。值得反觀的是，若是不被下士之人嘲笑或認為不可思議，其實是不足以

為道的。也正是因為下士的嘲笑、不可思議的笑，才恰恰是對道的真正考驗。

到這裡，我們再來看〈里仁〉這一篇的首章和末章，就形成了一個呼應。

里仁為美，心裡美最美，才是真的美。「仁」的本質是人性的自覺，是自我的覺知與超越。對於我來說，是我的覺知與超越；對於你來講，是你的覺知與超越。內心的自覺是第一動力，是本。而勸說一個人心中要有美德，要行道，是一種方法，是末。對於方法的使用，對於末節的駕馭，更是要有度，否則事倍功半，甚至適得其反，自取其辱。

本篇到此，首尾呼應，本末兼顧。

還要說明的是，「仁」在人心，在每個人的內心，不是另外修的個什麼「東西」，它本身就客觀存在，一切的努力都是為了與之相逢，包括「擇要處仁」，都是為了認知它，覺知它，安於它，它就是「仁」，是內心深處的真善美，向內走，將與它相逢，有個美麗的邂逅，牽手終生。

第五章 選擇與擔當

〈公冶長〉是《論語》的第五篇。本篇的主旨可以說是「對號入座」，昭示「我的選擇與擔當」。

這一篇也可以說是對於前四篇的小結。《論語》的開篇〈學而〉打開了當生命邂逅生活的大門，第二篇〈為政〉談為政的根基、做事的根本。一輛列車已經出發，自然是要明確方向，行使在軌道上。所以，道，在最前方帶路。只要路對，就不怕路遠；只要路對，快幾分和慢幾拍也沒有大礙；只要路對，無論是飛機、高鐵，還是輪船，方便就好。為政以德的根本是為政者本人要有德，禮是德的載體，是德的具體化。明禮，就是明理，貴在當位而行。《論語》第三篇〈八佾〉接著談為國以禮，遵循事務內在的規律，當位而行，君使臣以禮，臣事君以忠。對於禮的奉行，最強勁的動力來自人性的自覺，

來自一顆仁愛之心，來自一顆柔軟的內心。所以，《論語》的第四篇為〈里仁〉，講關於「仁」的話題，「仁」的根本源於人性的自覺，是自我的覺知，有覺知方可有超越，因自覺而自在，因自覺而覺他。

如果沒有對於人性的自覺，沒有仁愛之心，禮，就會成為束縛他人的工具。「君君、臣臣、父父、子子」的本質在講「君、臣、父、子」各自盡到本分，履行職責和義務，各安其位，而不相奪。可是，若是片面的強調一方的權利，整個思維就會發生根本性偏離，出現「君讓臣死，臣不得不死；父讓子亡，子不得不亡」。試問天下的父母，哪對父母生養孩子的目的是為了讓他終亡。所以，讀《論語》，讀經典，實在是需要牢牢地把握中正之道，才可真正走近《論語》，走近經典。

現在到了《論語》的第五篇〈公冶長〉。公冶長是孔子的一個弟子。這一篇是對前四章進行一個小結，對照前四章所彰表的價值體系進行一個小結，同時，對號入座。對照哪個號？根本的即為「仁」的標準。「仁」的標準，本質上講就是作為一個人應該持有的標準。

誰來入座？以孔門弟子為代表的人物，對他們的賢否得失進行評價。在具體的評價中，再一次彰表孔子的價值觀、是非觀、榮辱觀。他讚揚什麼，反對什麼，鼓勵什麼，

警醒什麼。

這一篇，乃是自孔子開始談公冶長起。

一、我的選擇與擔當

子謂公冶長：「可妻也，雖在縲絏之中，非其罪也。」以其子妻之。

所謂「縲絏」的「縲」，指的是黑色大索。「絏」乃是捆綁的意思。古代牢獄中用黑色大索捆綁罪人。此處代指公冶長身處牢獄之中。

公冶長在牢獄之中，孔子卻「以其子妻之」，是說孔子將自己的女兒許配與在牢獄之中的公冶長為妻。

按照一般的常理，若是自己的至友、親朋中有人身處牢獄之中，有什麼好被提及的呢？多半人以此為辱。但是，在孔子看來，若是「非其罪」，不是他的過錯，是被冤枉者，就沒有什麼可恥。反過來，若是在「無道」的社會中，因為伸張正義而遭到詆毀、陷害，比如周文王就曾被商紂王關在牢獄之中，是「殺身以成仁」、「捨身以取義」的情況。不僅僅是「非其罪」，反而在孔子的內心是予以贊同和欣賞的。在危險與困難面前，選擇堅守，這是孔子欣賞的品格，這是孔子奉行的品格。

在陳蔡絕糧之時，當孔門弟子的信念產生動搖，對孔子所尊奉的道有所懷疑的時候，顏回有他自己獨到的認知。顏回認為，孔子的道既不像子路講的那樣，還不夠大，沒有達到仁，沒有達到信。當然也不像子貢講的那樣，孔子的道至大，陽春白雪，天下莫能容，需要降低標準，雅俗共賞。

顏回認為，孔子心中的大道，追求天下大同之道，當然應該推而行之，世人不任用我們，錯不在我們，是各國君主們的恥辱。老師有什麼可憂愁的呢？恰恰是因為不容，世道不好，方才見得真君子。

孔子聽了很開心，欣然歎曰：「有道理，顏家的年輕人，你好好做，希望你有很多錢財，我來替你當管家。」

看來，顏回講出了孔子的心聲。

在孔子看來：

志士仁人，無求生以害仁，有殺身以成仁。（《論語‧衛靈公》）

若非天下無道，激發了儒者的良知，使之受到極端的考驗，那些英勇無畏的抗議行為本來是不會發生的。但是，一旦底線受到衝擊，總是要有人站出來，站在懸崖邊，以免更多的人墜落懸崖。為此，即便付出生命是無奈，但也是死得其所。到這裡，我們再

來理解什麼叫「守死善道」，孔子為什麼要「知其不可而為之」，這實在是儒者的可貴，需要真正的勇氣。所以，對於公冶長，孔子是欣賞的，將自己的女兒嫁給他，亦算是欣賞的至高表達。

想一想，為什麼中華文明是世界上唯一一條沒有乾涸的文明之河？河流孕育文明，世界上的河流有很多，不僅有黃河、長江，還有印度河、恆河、尼羅河、幼發拉底河、底格里斯河。所以，也就有了古印度文明、古埃及文明、古巴比倫文明。這些文明也曾一度燦爛，但終是走向了消亡。

可是，中華文明不同，雖歷經波折，卻危而不亡。大概和我們的先祖骨子裡、中華文明的DNA中有著死守善道的精神緊密相關。在很多境況下，孔子往往會消散在我們的視野中，他走向了遠方，在他消散的地方有雲霞升起，萬丈光芒，榮耀屬於他，向孔夫子致敬。

孔子接著談到另外一個弟子南容。

子謂南容：「邦有道，不廢；邦無道，免於刑戮。」以其兄之子妻之。

不廢：不被廢棄。刑戮：因犯法而受刑罰或被處死。以其兄之子妻之：孔子將侄女許配與南容。

本章是孔子對弟子南容的稱讚，這也符合孔子自身處世的原則。面對邦有道或無道的局面，應當如何出入進退？這是孔子經常談論的話題。孔子主張「用之則行，捨之則藏」、「天下有道則見，無道則隱」，能夠依時而動，審時度勢，所以孟子稱讚他「聖之時者」。南容在國家政治清平之時才能不被埋沒，混亂之際能夠明哲保身，實屬不易。孔子對他十分欣賞，將自己的侄女嫁給他。

本章與上章對讀實有微妙之處。顯然，如何面對進退？孔子對於「邦有道，不廢；邦無道，免於刑戮」的態度是贊成的，否則怎會將侄女嫁與南容。但面對無辜，對身處牢獄的公冶長，孔子更是旗幟鮮明地表明了自己的態度。盡量在無道之時免於刑戮，但若是不得已，或是必要的時候，需要「殺身以成仁」、「捨身以取義」，孔子讚賞並奉行這樣的價值準則。但是，孔子清楚，這種道義的擔當是自己的自覺自願，是「我」的選擇與擔當，不是對他人的要求，更不是強求。自己能夠擔得起，心甘情願，將自己的女兒嫁過去。凡是涉及到較高的標準和要求，需要付出與擔當，一定是對自己，是自己的選擇與擔當，不是對他人的要求。上無極限，是自己的選擇，他人不出底線即可。

讀到此，我們再來回顧《論語》的首篇〈學而〉，這篇的首章，子曰：

人不知而不慍，不亦君子乎！

孔子並不擔心別人不瞭解自己。對於一名真正的君子來講，他可以在自己的靈魂中，見證良知的榮耀，坦然地面對他人的懷疑。但是，孔子知道這樣的要求對於大眾來說是高的。每個人都是多麼地渴望「學而時習之，不亦說乎」。希望自己畢生所學，能夠為這個時代所接受，實現理想，建功立業。若是退一步，面對失望，尋找志同道合之人繼續努力，也還在不捨不棄。但是，還要再退嗎？不被人瞭解，身處困境中，對於信念與追求，也從未動搖，少有人做到。「人不知而不慍」，實在是比較高的要求，子路、子貢都欠些火候。

正是因為知道這樣的要求是高的，要做到這點是難的，所以，〈學而〉的末章，子曰：不患人之不己知，患不知人也。

孔子說，我並不擔心別人不瞭解自己，卻擔心自己不知「人」，擔心由於我的不知「人」而使「人」、「不被知」，誤了「人」、「學而時習之」。不擔心別人不瞭解自己，怕自己不瞭解他人，這就是孔子的境界了。再讀他講的許多話，如「弟子入則孝，出則悌」、「出則事公卿，入則事父兄」、「君事臣以禮，臣事君以忠」……真的是平凡，而他的不平凡，在於他胸懷凡人。

二、一念之間

孔子對宓子賤有很高的評價：

子謂子賤：「君子哉若人！魯無君子者，斯焉取斯？」

子賤：孔子弟子，姓宓，字子賤。孔子誇讚他，說：這個人真是個君子啊！誰說魯國沒有君子呢？不然，宓子賤怎會有如此美德。

那麼，發生了什麼事情，使得孔子對宓子賤如此讚歎？

在《孔子家語・子路初見》有這樣的記載：

孔子的侄子孔篾與弟子宓子賤一起為官。孔子經過孔篾處，過問侄子的情況：「自從你做官以來，有何得失啊？」

孔篾回答得倒是爽快：「一無所得。所失之處有三個方面：一是公務繁忙，事情一件接一件，自己的理想沒有機會得到實踐，所以自己的『學』得不到昌明；二是俸祿少，連稀飯都不能分給親戚，骨肉之情日益疏遠。」很多人都將自己收入低，當作無法敬養親人的十分冠冕堂皇的理由。自認為是「心有餘而力不足」。

子路也曾經為此而傷心。《孔子家語・曲禮子貢問》記載說：

子路問於孔子曰：「傷哉貧也！生而無以供養，死則無以為禮也。」

孔子曰：「啜菽飲水，盡其歡心，斯謂之孝。斂手足形，旋葬而無槨，稱其財，斯謂之禮，貧何傷乎？」

在子路看來：「貧窮，真是件悲哀的事情。因為貧，對於父母之生，無以供養；對於父母之喪，無以為禮。」這般看，貧真是件悲哀之事，因為貧，彷彿父母的生死都無法供養。然而孔子不這般看，孔子認為「粗茶淡飲，吃點豆子，以水為飯，雖然生活清苦，但只要能盡其歡心，使父母生活得稱心如意，歡心喜悅，這就是孝。死後，以衣、棺收殮屍體，所用的衣被可以蓋住肢體，沒有外露，隨即加以安葬，也不用槨，根據自己的財力，量力而行，這就是禮。貧又能妨礙什麼呢？」這樣看，孝貴在生時盡其歡心，而喪禮貴在量力而行。莫以貧作為不孝無禮的藉口啊！

還是回到孔箴的談話。他說公務多，有時又來得急，迎來送往，弔死問疾這些事就沒空管了，朋友之情漸漸缺失。

孔子聽了很不高興。自己的侄子入官以來，一無所獲全是失，當然不高興。他又到宓子賤那裡去，問了與孔箴同樣的問題。

宓子賤回答說：「自從做官以來，沒失去什麼，而在三個方面有所得：以前跟從老

師學習而形成的信念，現在在實際工作中得到了應用，因此信念更加明晰；所得到的俸祿，分給親戚，因此骨肉之親更加親密；雖然公務纏身，但仍兼顧到弔唁死者、探望病人，因此朋友之情更加深厚。」

同時出仕，一起為官，一個一無所獲全是失，一個全是收穫無所失，這是為何？

看來，同樣的問題，同樣的境況，不同的心態，有著截然不同的結果。一者全是失：工作太忙，顧不上理想；顧不上學習；薪水太少，顧不上親人；事情太多，顧不上朋友。於是，工作無趣，親情疏遠，友情缺失。悲觀、焦慮、不安是孔蔑心態的主旋律。

還是這種現狀，宓子賤就全是得，全是收穫：透過工作將學業實踐；將薪水用來敬養親人；兼顧公務與人情。於是，工作有勁頭，家庭有親情，朋友有溫暖。樂觀、平和、滿足是宓子賤心態的主旋律。

源於內心的旋律不同，得失就在一念之間。

想一想，理想、工作、生活本就三位一體，實在是不可分割，不能顧此失彼，需要統籌兼顧，宓子賤做到了。所以，孔子極力讚歎他的這位弟子。

將《論語》與《孔子家語》對讀，很多事情的源由本末就會非常清楚。在經典當中

合觀參驗，就如同一條小魚邂逅了大海，自由自在，悠哉悠哉。

讓《孔子家語》裡面的孔子出場，來解讀《論語》的言論，我們就不用煞費苦心地進行猜測、論證了。

三、進退裕如的曠達

從宓子賤的身上，我們看到了「道不遠人」，的確是「人能弘道，非道弘人」。可是，在現實中，若是「道」不行，行不通，怎麼辦？

孔子說：

道不行，乘桴浮於海。

孔子說，如果道不行，我就乘個木筏子浮於海上，我要走了。孔子要乘桴浮於海，是去東海，還是西海？有人認為孔子浮海，是要渡海去東夷，實無證據。事實上，這其中多有一種飄然而去之感。如果道不行，就乘個小小的木筏，浮於海上，飄然而去。

清代有位著名的經學家兼大詞人張惠言，在寫給他的學生楊子掞的一組詞中，講道「飄然去，吾與汝，泛雲槎」。孔子要乘桴浮於海，張惠言要飄然於雲端，事實上，春江潮水連海平，海上明月共潮生，海天一色。

總之，孔子說我們要走了，仲由和我一起去。

子路（仲由，字子路）當真了，老師說了要讓自己隨從，這是莫大的認同，於是「聞之喜」。

孔子曾經對顏回講：用之則行，捨之則藏，惟我與爾有是夫。

當進則進，當退則退；當伸則伸，當屈則屈。無論面對怎樣的境況，都能無怨，做到真正地心安，實在是需要真正的修養。孔子認為，能做到這一點的，恐怕只有自己和顏回了。

子路聽了不服氣，他認為老師要率領三軍將士，希望決勝千里，誰能和你同行？還不是要我子路來保護你！但是，聽了這話，孔子並不領情，他說：「赤手空拳和老虎博鬥，過河不靠舟船，雖然是死而無悔，但是我不會與這樣的人同行。」

想一想，還是孔子說得在理。不怕死，有什麼難的呢？若是死、犧牲就能解決所有的問題，豈不是非常簡單。事實是，事情往往沒有那麼簡單，解決問題實在是需要「臨事而懼」，需要「好謀而成」。只有慎終如始，懷有一顆誠敬之心，才能執守如一，無有敗事。也只有善於謀劃的人，遵循事物發展內在的規律，講求科學的方法，成功的機會才會比較高。

為什麼要赤手空拳和老虎打一架？又為什麼要徒身過河？對於君子來講，無貪生，也不怕死。但是，無論是生還是死，都要當其位，得其所，有價值才是好，孔子並不欣賞無謂的犧牲。

孔子說：「道不行，我要乘桴浮於海。」他真的是要遠行，要離開，要放棄他的追求嗎？讀到這裡，有人認為：「啊！原來孔子也是人，也有隱退、消極的一面。」在世人心中，孔子當屬擔當大道，不亦重乎，不亦遠乎，更是不亦怕乎？事實也是如此。所以，當孔子開個玩笑，放鬆一下的時候，大家反倒緊張了，大家當真了，子路更是如此。所以，孔子只能無奈地說：「由也好勇過我，無所取材」。

言外之意就是這沒有木材，做不了木筏子，咱們如何「乘桴浮於海」？你還以為我真的要飄然而去嗎？仲由啊，你果然是只有在「勇」的方面超過我，還是不理解老師啊！

佛家講，除了人間之外，哪裡有另外一個極樂世界？慧能說：東方人造罪，念佛求生西方。西方人造罪，念佛求生何國。（《六祖壇經》）

如果東方人說，我現在犯了些錯，生在苦海之中，那我就念佛，求老天把我生在西方那個極樂世界。可是，如果西方的人現在也生活在苦海之中，他們念佛生在何方？所

以，除了人間，沒有另外一個天堂；除了人間，沒有另外一個極樂世界。我們要做的就是和人在一起，在塵世之中，活出自己的精彩來。

孔子曰：鳥獸不可與同群，吾非斯人之徒與而誰與？天下有道，丘不與易也。（《論語·微子》）

在孔子看來，鳥獸又不是我們的同類，我不同人在一起，要和誰在一起？若是天下有道，我孔丘就不用如此奔波，去改變世道了。

有人問佛家：「明知是空，為何還要奮鬥？」佛家人回答：「因為有輪迴，一江春水向東流，還會流回來。所有的行為都留下了印痕，今世的果，就是來世的因，沒有白費的努力。」佛家人還講：「正是因為是空，之所為就無有掛礙，無有恐怖，能夠放得開，放手去奮鬥就好了。」

也有人問儒家：「明知不可為，為何要為？」、「明知天下無道，為何還行道？」答案就在問題中，不可為，難為，人之所為才更有價值和意義，才有了理想與追求，並為此而執守不改變。正是因為無道，才需要人去行道。不僅是要行道，且無怨，不計其功。不計較付出所有的功夫，不在意是不是有功勞。

所以，孔子說：「道不行，乘桴浮於海。」這與孔子是否萌生退隱之心實不相干，反

而是夫子於進於退與海天為一體的曠達令人心生敬佩。

四、心有所屬，心甘情願

在本篇的末章，孔子說：

十室之邑，必有忠信如丘者焉，不如丘之好學也。

孔子說，在十戶人家中，一定能找到一個像我孔丘一樣忠信的人，可是你要想找一個如我孔丘一般好學的人，就難了。

孔子是個非常謙虛的人，可是在此處，他怎麼就不謙虛了呢？

首先，我們應該對好學有一個基本的認知。好學，是好學什麼？好學，是好學道。

孔子說自己是「十有五而志於學」，即為志於學道。

子夏曰：「賢賢，易色；事父母，能竭其力，事君，能致其身；與朋友交，言而有信。雖曰未學，吾必謂之學矣。」（《論語・學而》）

「賢賢，易色」，第一個「賢」為動詞，是對於賢人的態度，即為友賢，親賢。第二個「賢」字，是賢達之人。向榜樣學習，方向就不會偏離，所以要親仁，要「賢賢」。

如果講賢達之人的言行樹立起一個標竿，那麼自我的行為就有了參照的標準，持續發揮

較准的功效，不斷地糾偏，轉變自我為人的姿態、行為的風格，這就是「易色」了。「事父母，能竭其力」，就是「入則孝」。「事君，能致其身」，就是「出則悌」。「謹而信」又是「事君，能致其身」的具體化。「與朋友交，言而有信」，對待他人盡到本分，就是在用自己的行動來踐行學的真知、道的真諦。

以什麼來衡量一個人的「好學」呢？不是說了自己非常好學，就真的是好學了，也不是說了肯為某件事情付出，就真的付出了。衡量一個人是否好學的標準，衡量一個人有沒有事業心的標準，不是從他從這件事上希望得到什麼來衡量，而是看他肯為這件事情付出什麼。付出的程度，預示著真正好之的程度。真正地好之，是心有所屬，心甘情願。

真正的心甘情願，不僅僅是指為追求美和善而要付出的辛勞，有時候，還要有對於公眾價值偏差所帶來的負向認知的擔當。比如，關於孔子，有人講他是「四體不勤，五穀不分」，有人說他「若喪家之犬」，他自己怎麼看？人不知而不慍，不亦君子乎！

本篇的首章，孔子對於公冶長的評價，雖在「縲絏之中，非其罪也」，將自己的女兒嫁過去。這就是孔子的價值彰表了，就是孔子的好學了。好學，就是好學「道」，為的是

實現「仁」。

還是要說，這一切需要心有所屬，心甘情願。還是要強調，這種道義的擔當是自己的自覺自願，不是對他人的要求，更不是強求。按照這個標準，這般的對號入座，真正能夠對得上「號」，入得了「座」的，就如孔子自言的那般，果真是如此，這般好學者的確不多，少之又少。因為少之，理應需要追求之，向之靠近。

要知道，「心有所屬，心甘情願」值得細細品味。只要有這樣的心，無論做任何事情，就真的可以將自己的生命和那件事情的生命融為一體。而《論語》的生命，每每在它篇章之首和篇章之末，都有一個很深的呼吸在其中，讓我們慢慢品味，跟著它生命的脈搏去一起搏動。

第六章 向上生長・向下扎根

在上篇〈公冶長〉中，它的主旋律在於昭示「我的選擇與擔當」。公冶長雖然身在牢獄之中，卻不是他的罪過，孔子把自己的女兒嫁給了公冶長，這是孔子的選擇與擔當。

對號入座，對照哪個號？對照「仁」的標準。由誰來入座？以孔門弟子為代表的人物。

「仁」的本質是人的光明本性，是人的自覺，是我的覺知與超越，是我的選擇與擔當。接著的問題就是，覺知與超越，選擇與擔當，為的是實現什麼？怎樣做才是有價值的？如何實現這種價值？

〈雍也〉這一篇，《論語》的第六章，接著這個話題繼續講。要實現「仁」，發揮「仁」的意義和作用，理應向上生長，心繫家國天下，還需向下扎根，腳踏一方厚土。

總之，是立己達人，有為有位。立己達人，向上生長，向下扎根，就是〈雍也〉的主基

調了。

一、向上生長：擔當與有為

本篇的開篇，孔子評價雍也，認為他可使「南面」，可以為政做官：

子曰：「雍也可使南面。」

雍也：孔子弟子，字仲弓。南面：面南。古代以面向南為尊位，天子、諸侯和官員聽政都是坐北朝南。

孔子認為冉雍可以面南而坐，就是講冉雍可以出任一方長官。對於君子來講，具備才能的價值正是要為政，要出官入仕，有一份家國的擔當。

但是，「出仕」就僅僅是做官這樣的內容嗎？也不完全是。有人問過孔子：或謂孔子曰：「子奚不為政？」子曰：「《書》云：『孝乎惟孝，友於兄弟，施於有政。』是亦為政，奚其為為政？」（《論語・為政》）有人對孔子說：「你為什麼不參與政治呢？」孔子說：「《尚書》中說：『孝敬父母，友愛兄弟，將這種風氣影響到卿相大臣。』這也是參與政治。為什麼一定要做官才是參與政治呢？」

為官一任，主政一方，自然這是參與為政的一種重要方式，但並不是唯一方式。真

正令政治有序有效進行，並使民眾產生強烈共鳴的，或許還是將最熱切的視線投向平凡的日常生活，並對此持有正確態度和價值取向的人和事吧！

所以，關於為政，孔子賦予它一個更為寬廣的概念──行於天地生活間。這樣看，孔子眼中的為政，不再是專注政治治理本身，不局限於權力的象徵與運用，它實實在在關乎衣、食、住、行，關乎人情往來的集聚，關乎如何和諧共處於同一屋簷下，彙聚於同一空間中。日常生活永遠都是主場，百姓永遠都是主角。自然而然，最為基本的生活之道莫出於孝親，莫出乎友情。親親為大，四海之內皆兄弟，引導並推廣此種風化，功莫大焉，這不是為政，什麼是為政呢？這是為政的根基，也是為政中的王者。

但是，在〈雍也〉這一篇，孔子評論「雍也可使南面」，他的確在講出仕為官的事情。出仕為官，也是中國古代讀書人心中至深的情結。如杜甫所言：致君堯舜上，再使風俗淳。

杜甫有他的理想，他的理想是輔佐君王，成為堯、舜那樣的明君。回到唐、堯、虞、舜那個治世的時期，恢復「路不拾遺，夜不閉戶」的淳樸民風。

范仲淹也說，「先天下之憂而憂，後天下之樂而樂」。造福一方，為百姓，為他人帶來實惠與益處，這是「仁」的價值，這是「我的覺知與超越」的意義，是「我的選擇與

擔當」所應該做出的理性選擇。《論語》的邏輯，孔子的思維，都鼓勵一個人理應剛健

有為，向上生長，心繫家國與天下，能夠有所擔當。

接著，孔子和仲弓（也就是冉雍）談起了子桑伯子。

子桑伯子是魯國人。孔子認為他還可以，評價了一個字「簡」。有人評價中國文字

是最接近存在的表達。什麼叫存在？存在就是自然萬物，就是人世百態。一個字本身就

是一個世界，就是一個道體，一陰一陽之謂道。正面的表達，簡是簡明扼要，是簡單。

但稍有偏差，就會走向反端，有簡慢之意。

圍繞孔子所回答的「簡」字，仲弓提出了自己的見解。仲弓認為，為政一方，為官

一任，心中要有誠敬之心，有深深的敬意，在此基礎上追求無為而治，簡明扼要，不

擾民。

對於這一點，孔子的表達是：民可使，由之；不可使，知之。（《論語·泰伯》）

按照傳統，這句話通常讀為：「民可使由之，不可使知之。」一個標點的差異，意義

完全不同。這句話爭議極大，尤其近代以來，認為這是孔子奉行愚民政策的真憑實據。

如果按照傳統的理解，對於老百姓只需要讓他們好好工作，不需要讓他們知道為什麼，

真的是難以逃脫愚民的罪責。

問題是，孔子的本意是什麼？傳統的理解有沒有問題？

這需要對孔子思想有整體觀照，合之以情，也需要以其它文獻為佐證，曉之以理。

在《孔子家語‧入官》這篇，孔子曰：君子蒞民，不可以不知民之性而達諸民之情，

既知其性，又習其情，然後民乃從其命矣。

孔子認為，君子要做好管理工作，治理百姓，最重要的事就是要「知民之性」、「達民之情」。瞭解百姓的本性，又熟悉他們的實情，然後，他們才能聽從政令。百姓有怎樣的本性，有什麼樣的實情呢？

比如，百姓關注政策的公正合理、公開透明、一視同仁。百姓不喜歡官員高高在上的樣子，不願意去做好高騖遠、能力之外的事情。百姓們遵從自然規律，比如，春種、夏長、秋收、冬藏，這是自然的時節。知道日出而作、日落而歸，知道根據土地的秉性來種植五穀。所以，在這一點上，官員們儘管「無為」，儘管放手讓百姓去做。這就是「民可使，由之；不可使，知之」，就是百姓的日常起居要根據自然、時節來行事，而不能按照官員們的主觀意願，違背自然，隨意安排。愈是在搶收麥子的時節，愈是安排百姓去祭祀，是收麥子重要，還是祭祀重要？在收麥子的時節，當然是收麥子最重要。這一點，官員們要知道，要明白。正因為如此，才不要隨意地驚擾百姓。

所以，「民可使，由之；不可使，知之」，就是民性與民情，知道這一點，才能得民心。這是愛民，如何是愚民？

理解一個人的思想，不要孤立地看，不要割裂和過去、未來的聯繫，也不要切斷和他所在的時代背景、歷史的傳承、前後左右的聯繫等等。需要立體地感知，多方素材互為印證，關注其內在的關聯、發展的脈絡，做出客觀的理解與評價。否則就會盲人摸象，各執一端，看似講得慷慨激昂，實際多有偏頗之處。

所謂「民可使，由之；不可使，知之」這個道理，老子相關的表達是：

我無為，而民自化；我好靜，而民自正；我無事，而民自富；我無欲，而民自樸。（《道德經》）在老子看來，如果為政者、領導們順應自然，遵從大道，不給百姓添麻煩，不欲壑難填，百姓就會自然而然地教化，自然而然地守規矩，自然而然地富足，自然而然地純樸起來。這和孔子的思想完全一致。這些道理都是一脈相承的。

所以，孔子評價子桑伯子「可也」，一個字「簡」。孔子贊成簡明扼要、不擾民的施政方針，但是，好像又有一些意猶未盡。

仲弓講了他的看法，他說：

居簡而行簡，無乃大簡乎！

不要因為一味追求簡要，而心存簡慢，就實在是太簡了。做什麼都要把握好一個度，過猶不及。孔子認為仲弓說得很有道理，對他作出了肯定的答覆。

孔子和仲弓的這段對話有著極為深刻的道理，一方面要把握好度，另一方面，做任何事情都不要將過程、方法誤會成終極追求。簡要本身並沒有意義，但若是透過簡要的政令，讓百姓更加安居樂業，簡要就有了價值。但若是為了簡要而簡要，草率、魯莽，沒有調查研究，做不到實事求是，說到底就是一顆簡慢之心，南轅北轍。

再舉一個例子。據說，有些高中的老師和家長，在鼓勵孩子讀書的時候，講了這樣的話：再堅持，在關鍵時候不能失常，好好讀書，考個好大學。考上大學之後，就不用再讀書了。後來，果然很多學生到了大學就真的不讀書了，也讀不下去，找不到方向，迷失了目標，沒有動力源泉。

到底是為什麼考大學呢？就是為了考大學而考大學嗎？考大學本身並沒有意義，但若是在大學中學習新的知識，樹立理想與追求，為新一階段的人生選擇提供動力，大學生活就有了意義。

任何境況，任何階段，若是為了考大學而考大學，為了工作而工作，為了生活而生活，將過程當終點，就失去了這件事應該有的意義和價值了。

二、向下扎根：立身的資本

我們先哲的思想體系，講求兩兩相對，提到向上生長，心繫家國天下，擔當與有為，就必然要向下扎根，要真正能夠擔得起，真正具備擔當的能力。

孔子還是和仲弓談話，這次是關於「牛」的話題。

子謂仲弓，曰：「犁牛之子騂且角，雖欲勿用，山川其捨諸？」

讀本章知道，不僅人間有著門楣的概念，有達官貴人與平民百姓之分，牛也有。犁牛與作犧牲之牛同樣也有門戶的區別。

古時侯，對於牛來講，它的光榮使命就是作為犧牲，被祭祀使用。牛也講究血統，亦不是隨便一頭牛願意犧牲，就可以要求犧牲。可是這頭牛不同，雖然出身在一個普通的家庭（犁牛），卻長著一身赤紅的毛，一對整齊端正的角。人有「一表人才」之説，聽孔子的表述，這頭牛可以稱得上是「一表牛才」。

儘管這頭牛長得「一表牛才」，可是，按門戶來講，它沒有資格作犧牲。但是，就是因為他長得「一表牛才」，山川之神難道會捨棄它嗎？山川之神當然不捨得捨棄。牛都是如此，何況人呢？所以，孔子曰：不患無位，患所以立。不患莫己知，求為

可知也。（《論語・里仁》）

不憂慮沒有位置，需要憂慮的是，自己有沒有立足的能力。不憂慮別人不瞭解自己，應該憂慮的是，自己有沒有足以讓人瞭解自己的德行與才能。

若是一個人有了能夠立足的能力，有了被人知曉的能力之後呢，還要思考一個問題，有沒有才能是自己的事，能不能趕上好機會，是天時，是機遇，是時機，知道「人不知而不慍，不亦君子乎」。這樣的觀點，正如荀子所云：

君子能為可貴，不能使人必貴己；能為可信，不能使人必信己；能為可用，不能使人必用己。故君子恥不修，不恥見汙；恥不信，不恥不見信；恥不能，不恥不見用。是以不誘於譽，不恐於誹，率道而行，端然正己，不為物傾側⋯夫是之謂誠君子。（《荀子・非十二子》）

能夠做到品德高尚被人尊重，但不能要求別人一定、必須要尊重自己；能夠做到誠信而被人信任，但不能要求所有人一定相信自己；能夠做到有能力而可以被人任用，但不能保證別人一定任用自己。君子不被榮譽、誇讚所誘惑，不飄飄然不知其所以然，也不被誹謗所嚇退，遵循道義做事，端然正己，不被外界事物弄得神魂顛倒，這叫做真正的君子。

接著許多問題就有了答案，有人提出儒家宣導仁、義、禮、智、信，問題是，若是我對他仁，他對我不仁；我對他義，他對我不義；我對他有禮，他對我無禮怎麼辦？按照荀子的邏輯，就是君子能做到自己對他人有仁愛之心，但不能要求別人一定要仁愛自己；能做到對他人有禮，但不能要求別人一定要有禮於自己。盡到自己的本分就可以，剩下的一切，老天自有安排。

老子說：夫物芸芸，各復歸其根。（《道德經》第十六章）

這句話還有一個相近的表述，即「天道圓圓，各復其根」，二者其實表達的意思是一致的。天道是圓圈式的循環往復。一江春水向東流，還是會流回來。黃河之水天上來，天上之水由人間至。一切的因果，還是會在自己身上驗證。種瓜得瓜，種豆得豆。

一名君子當然要自立有為，然而，一名君子具備能夠立的能力，但是有些情況是「有所不為」，下個故事就是如此。

三、君子有所不為

故事的主角是閔子騫：

季氏使閔子騫為費宰。閔子騫曰：「善為我辭焉！如有復我者，則吾必在汶上矣。」

孔子希望弟子們心繫家國天下，出仕入官，有所擔當，造福百姓。若是機會來了，當是要抓住機會，一展身手。接著，做官的機會真的來了，季氏希望閔子騫出任費宰。費是季氏的封邑。但是，閔子騫卻拒絕了。他請使者向季氏好好地說，婉言推辭。

閔子騫的態度很堅決，他對使者講，如果季氏再來召我，我就跑到汶水那邊去了。

看來，閔子騫的拒絕不是客套，是誠心誠意地拒絕，果決地拒絕。

這是為何？

這其中自有深意。品德高尚的君子，具備為政的才幹和能力，並不意味著要必然出仕為官，如孔子所說「義同而進，不同而退」。志同道合者，定是要全力以赴，可以效犬馬之勞。反之，道不同，不相為謀。

孔子到了衛國，衛靈公向他請教一個問題：

衛靈公問陳於孔子。孔子對曰：「俎豆之事，則嘗聞之矣；軍旅之事，未之學也。」明日遂行。（《論語·衛靈公》）

陳：通陣，軍師行伍之列；俎豆。俎和豆，古代祭祀、宴饗時盛食物用的兩種禮器。亦泛指各種禮器。此處俎豆之事，指祭祀禮儀之事。

衛靈公向孔子請教關於行軍打仗之事，孔子說他不知道。他說關於祭祀禮儀方面的

事情，我曾聽說過；軍隊方面的事，從來沒有學習過。關於軍隊方面的事情，孔子真的不知道嗎？

根據《孔子家語·相魯》記載，魯定公與齊景公在夾谷盟會，孔子擔當為定公相禮的任務。他說「有文事者，必有武備；有武事者，必有文備」。他不僅如此說，還為定公的此次出行進行了周密的部署。面對強橫的齊國，孔子既智且勇，不卑不亢，堅持以禮制行事，維護了魯國的尊嚴和國家利益，迫使齊景公返還長期侵佔的魯國土地，亦成就了孔子政治生涯的頂峰。

看來，對於文武之事，孔子深曉。孔子渴求有明君的賞識，那為何當衛靈公來相問的時候，他又說自己不知道了呢？這和孔子的理想、追求、信念緊密相聯。

如果說孔子是一位「思想家」，他首先是一位「政治思想家」，其思想的特徵就是將關注的目光落在社會治亂問題上。孔子的理想或者信念，就是社會的「大同」或者「大順」。實現於此的方法，就是「為政以德」。他希望能夠解決社會治亂，當然不希望亂上加亂。所以，對於「軍旅之事」，他說不知道，其實是不贊成。

關於「用兵」這件事，老子這樣講：

以道佐人主者，不以兵強於天下。其事好還。師之所處，荊棘生焉。善者果而已，

不敢以取強。(《老子》第三十章)

夫兵者，不祥之器也。物或惡之，故有道者不處。(《老子》第三十一章)

用「道」輔佐君主的人，不靠兵力逞強於天下。用兵這件事會有報應的。軍隊所停駐的地方，田地裡會長滿荊棘。善用兵的只要能夠達到基本目的就應該停止，不要用來耀武揚威……兵器是不吉祥的東西，大家都厭惡它，所以有道的人不使用它。

既然是道不同，不相為謀，有所不為，才能有所為。第二天，孔子一行就離開衛國。

對於一名君子來講，對他人格的考量，其中一個非常重要的方面，即是面對既得的利益，也如何不動。孔子是如此，閔子騫亦是如此。

在孔子眼中，一名有擔當的臣子，一名真正的大臣，應該以道事君，不可則止，有著堅定而獨立的政治品格。對於「父與君」的情況，以下犯上之人，無論給多少俸祿，當多大的官，也堅決不跟著這樣的「上司」。季氏自身就不守臣道，對魯君不敬，結果是上梁不正下梁歪，自己的臣屬同樣不守臣道，費邑的長官屢叛季氏。季氏是「身不用禮而望禮於人，身不用德而望德於人」。自己不厚道，卻希望找個厚道人為自己盡忠，閔子騫不接這樣的工作。

四、知命，安於命

有沒有才幹是君子應該從自身反省的問題，但能不能趕上好機會，卻又是另外一番事情。不僅從政是如此，生命本身就是如此。在天空與大地之間，對於命，人真的就能夠完全把握嗎？

伯牛有疾，子問之，自牖執其手，曰：「亡之，命矣夫！斯人也而有斯疾也！斯人也而有斯疾也！」

伯牛生病了，孔子前往探望，在屋的南窗外握住他的手。有人認為伯牛病得很是厲害，孔子在見伯牛最後一面，與之永別。還有一說，就是伯牛患了傳染病，從視窗探望，這是對孔子的尊重和保護。

關於「亡之」，有人認為是「無之」，伯牛沒有得此病之道。又一說：亡，喪也，其疾不治，將喪此人。事實上，既無得此病之道，而又此病在身，還病得很是重，命將亡，只能歸於「命」，這就是命啊！

知曉命的無從把握，不是悲觀主義的認命，而是對於命的理性認知。人需要提升的是認知真相的能力，接受現實的能力。如此，才可心無掛礙，無掛礙故無有恐怖。是什

麼，接受就好了。不僅是接受，而且要生活得美好，隨所住處恆安樂。顏回即是如此。

子曰：「賢哉，回也！一簞食，一瓢飲，在陋巷，人不堪其憂，回也不改其樂。賢哉，回也！」

在孔子看來，「貧與賤，是人之所惡也」，每個人都不喜歡。這每個人之中自然包括美德的擁有者，姑且稱之為君子；也包括道德低下者，姑且稱之為小人。儘管君子和小人都會遭受貧賤，但事實上他們所持有的態度是不一樣的，他們的行動絕不是一回事。君子不會因為身處富貴而飄然自傲，也不會因為貧賤而崩潰。小人會將富貴看成自傲的資本，將貧賤當成是不幸的懲罰，進而怨聲載道，就是孔子所說的「人不堪其憂」，一般人受不了「一簞食，一瓢飲」，粗茶淡飯，再加一杯白開水。所以，孔子曰「富而無驕易，貧而無怨難」，而「貧而樂」更是一種可貴的特質。不是為了追求「樂」而鼓勵「貧」，而是無論現狀是什麼，都應該安於並實現「樂」。在貧中亦是如此。

所以，一名君子，既仁且智者，將由自覺到覺他，因自知而自在。

子曰：「知者樂水，仁者樂山；知者動，仁者靜。知者樂，仁者壽。」

於山，於水；於動，於靜；於人，於物；於張，於弛……一切都自然而然。如此者，自然行而可樂，樂得其壽，頤養天年。

五、立己達人，旋轉式行進

在本篇的末章，是子貢與孔子的對話：

子貢曰：「如有博施於民而能濟眾，何如？可謂仁乎？」子曰：「何事於仁！必也聖乎！堯、舜其猶病諸！夫仁者，己欲立而立人，己欲達而達人。能近取譬，可謂仁之方也已。」

子貢向孔子請教，如果能將博愛普施於百姓，緊急時又能救濟大眾，何止是「仁」，「聖」也不過如此。真正做到此，堯、舜認為都是難的。看來，「博施於民而能濟眾」在人生的境界說中，是最高境界，成仁即為成聖。

要做到「博施於民而能濟眾」，必須有一個前提，就是自己要「有」才能施於民，濟於眾，需要「己立」、「己達」，自己立，自己達。

如何實現自己立、自己達？孔子曰「己欲立而立人，己欲達而達人」。「立人」、「達人」是實現「自己立」、「自己達」的源動力，是起點，還是目的地。天道圓圓，復歸

於樸。走了一圈，還是要回來，回到出發點，出發點就是目的地，恰恰是源於回到出發點。那些身邊事，那些最小的事，往往是通往最高境界的康莊大道。這或許就是孔子所云「能近取譬，可謂仁之方也已」。

讀到本章，再來和本篇的首章對讀。首章，子曰「雍也可使南面」，孔子認為冉雍可以面南而坐，出任一方長官。接著問題就來了，出任一方長官到底是要做什麼？自是要為官一任，造福一方，就是要「博施於民而能濟眾」，要「立己達人」。實現於此，需要「能近取譬」，從現在做起，從小事做起，從自己做起，需要「向上生長，向下扎根」。至此，可謂首尾呼應，一脈相承。

107

第七章 濟古維來

《論語》第六篇〈雍也〉主旋律是「向上生長，向下扎根」，於是有了天地、空間的概念。《論語》第七篇〈述而〉則從時間的角度看文化的傳承。

本篇的主旨可以說是「濟古維來」，說的是文化的傳承問題。「濟古」，就是「濟於古」，在古代文化中汲取營養。我們從歷史中走來，從傳統中走來，應該從歷史與傳統中汲取營養，這便是「濟古」。汲取營養做什麼？為的是「維來」，開創未來。

一、「述而不作」是「一」的繼承

本篇的開篇，記載孔子說自己「述而不作，信而好古」。很多人據此說孔子「沒有

109

什麼著作」，看來理解得膚淺了很多。

對此存在的誤解在歷史上就有了。孔子死後不久，墨家就對儒家進行非議，在批評所謂「孔子所制定的禮儀繁雜」的同時，認為應「述而且作」。其實，孔子生前就以博學而聞名。孔子繼承古代文化並使之垂之永久。著名歷史學家李學勤先生在研究《春秋》時也說過孔子的工作是「以述為作」。孔子繼承並重新解釋了他以前的歷史文化，從而使古代的「道術」得以發揚光大。

如何「濟古維來」？就要透過「述」與「作」，透過「傳」與「承」，承前啟後，繼往開來。也許，真的如有人所說：沒有不好的傳統文化，只有不好的傳統文化的繼承者。善於繼承傳統文化的人，一定會抓住古代文化的「真精神」，弘揚先聖先哲的學術「大道」與根本。

在我們的先祖看來，人是天地之精華，但人不會出於天地之外，所以，人要尊重天地，同時也仿效天地、效法天地。因此，天、地之德成為中國先民力量的源泉，天道自強不息，地道厚德載物。由天、地之德懂得自己的擔當與使命，明達職責與追求。就在天地之間，形成了兩兩相對的思維模式。

所謂「兩兩相對」，本是由「一」或者「太一」而來。古代典籍中有不少相關的論

述。例如：

《孔子家語・禮運》：「禮必本於太一，分而為天地，轉而為陰陽，變而為四時，列而為鬼神。」

《周易・序卦傳》：「有天地，然後有萬物；有萬物，然後有男女；有男女，然後有夫婦；有夫婦，然後有父子；有父子然後有君臣；有君臣，然後有上下；有上下，然後禮儀有所錯。」

《郭店楚墓竹簡・太一生水》：「太一生水。水反輔太一，是以成天。天反輔太一，是以成地。天地復相輔也，是以成神明。神明復相輔也，是以成陰陽。陰陽復相輔也，是以成四時。」

《孔子家語・禮運》記載的這些話出於孔子。將孔子之言與《周易・序卦傳》《郭店楚墓竹簡・太一生水》合觀，就會發現思想是一貫的，這對於認識許多學術問題，例如《太一生水》的學派屬性等，都有價值。

天與地是一對，陰與陽是一對，男與女是一對……還有，生與死是一對，動與靜是一對，本與末是一對，先與後是一對，心與身是一對，知與行是一對，高與低是一對……，這些兩兩相對，看似兩端，本質是互參互動，它們依存轉化，彼此生發，不可

分割，骨子裡透著極致的統一。

為什麼會這樣？老子說得好：

道生一，一生二，二生三，三生萬物。（《道德經》第四十二章）

兩端由「一」而生，也就是講，它們本身就是一體兩面，如同一個硬幣，有正有

反，就是一個統一體，就是「一」。

所以，孔子講：吾道一以貫之。（《論語·里仁》）

道是由「一」來貫通的。

「一」是什麼？老子講得非常清楚，他說：

天得一以清，地得一以寧，神得一以靈，穀得一以盈，萬物得一以生，侯王得一以

為天下正。（《道德經》第三十九章）

對於天來講，「一」就是清。天應該清，應該是藍天白雲，晴空萬里，但是現在有霧

霾，就很麻煩。對於大地來講，「一」就是安寧。大地如果有點動靜，大家都很緊張。

對於神來講，「一」就是靈。常言道「神靈，神靈」，神若是不靈了，人們還拜神做什麼

呢？無論是哪座山、哪座廟香火旺，一個非常重要的原因，就是據說那裡的神很是靈。

對於穀物來講，「一」就是盈滿，就是五穀豐登，大豐收。對於萬物來講，「一」就是生，

是生命，是生存，是生活，是生生不息。對於掌握權力的侯王來講，「一」就要為「天下正」，成為天下人的示範與導向。

這樣看，「一」就是本性。失去了本性，就失去了立足的根本。在立足本性，立足「一」的基礎上，站在由「一」生出的任何一端都沒有問題。明白了「一」，明白了「一生二」的道理，就意味著，我們看問題的角度要有「一」的格局，這個「一」是大「一」，也就是整體的眼光，系統的思維，統籌兼顧，一以貫之。不能「二」，人一旦「二」起來就很麻煩。

有些人每每談到「德」，就否定「法」。談到「義」，就否定「利」，這種思維就有問題。還有一些人動不動就要問一問到底是德更重要，還是法更重要？到底是義更重要，還是利更重要？到底是情感更重要，還是理智更重要？凡是提出諸如此類問題，就相當於問，到底是天更重要還是地更重要？到底是太陽更重要，還是月亮更重要？到底是白天更重要，還是晚上更重要？到底是爹更重要，還是娘更重要？

之所以有這些問題，千百年來，爭執不休，總是沒有滿意的答案，站在任何一端講起來都是慷慨陳詞，有理有據。實在是因為，問題的癥結在於問題本身有問題。當問題出了問題的時候，如何會有正確的答案？我們要好好體悟「一」，把握「二」，而不是，

就是「二」，背離「一」。

基於這樣的認知，再來看歷史與未來，傳統與現代，繼承與創新。它們同樣是一個整體，兩兩相對。沒有歷史，如何談未來？沒有傳統，哪裡有現代？沒有繼承，怎麼能創新？反過來，立足傳統，是為了更好地為現代人、為今日之時代服務，也是一樣的道理。怕的是有些人不小心穿越到幾千年前，回不來，脫離了今天的時代，也很麻煩。

只有根植於中華文化的深厚土壤，發展的動力才可強足；在繼承的基礎上，創新才有後勁；立足於歷史的綿延之中，有五千年甚至更長的文明為我們做靠山，我們才有精神氣力，自信而尊嚴地面向世界。

這就是「濟古維來」的價值所在了。

本篇開篇，孔子自言自己「述而不作，信而好古」，孔子是不是「厚古薄今」？如果有這樣的誤解，那真是不應該了！

孔子說：「述而不作，信而好古，竊比於我老彭。」述：遵循、繼承之意。作：創造、新生之意。竊：私自、暗中。老彭：殷商時代的賢大夫，也是一個好述古事之人。

在這裡，對孔子的文化觀的表述非常明確。

孔子說自己是「述而不作，信而好古」，他希望能夠存續先王之道。先王之道，就

是古時侯的「道」了。古，對於今天還有用嗎？

這樣問，就如同今天很多人疑問傳統文化。即便是孔子文化，距離今天也有兩千多年的時光，還有用嗎？這個問題在一百年前，辜鴻銘先生就回答得很好。他作了形象的比喻，就像數學的加減乘除，他說兩千年前三三得九，兩千年過去了，難道今天三三得十嗎？他認為中國的先哲的觀念具有時空的超越價值。是呀，要抓住傳統文化的「大節」，而不是細枝末節！例如，兩千年前，我們的先哲們宣導「父慈子孝」，難道今天我們要欣賞「眾叛親離」嗎？老子提醒我們要知常，若是「不知常，妄作」，就有一個「凶」字等著你。

何為「常」？常就是常識，常就是常理。常就如有一個懸崖，有人提醒大家不能靠近，如果靠近就會非常危險。可是，有一個人說他不相信，就要靠到懸崖邊，近幾分，再近幾分，看看到底有什麼危險，懸崖下面到底有什麼。如此「不知常」，結果就是險象環生，甚至萬劫不復。

今日之時代，許多人喜歡談創新。好像一提到「創新」這樣的字眼，就可以等同於奮發有為。但是，他們以為同時要排斥傳統，彷彿一提到「傳統」，就是要「拉歷史的倒車」。孔子為什麼「好古」，難道是因為他「迂腐」，他是「封建衛道士」？

那麼，我們就先來讀一讀，在孔子所生活的年代，在他的「古」之中，他看到了什麼？

孔子在擔任魯國的司寇期間，曾參與臘祭活動。臘祭，每年的臘月舉行，祭祀各種神靈。相禮完畢以後，他在宗廟的大觀樓前駐足，情不自禁地歎息。言偃正在旁邊陪侍，問道：「先生為什麼歎氣？」孔子說：「在以前，大道盛行的時代，也就是夏、商、周幾位賢明聖王當政的時代，我都沒能趕上，但相關的記載還在。」

其中記載了什麼？孔子講了下面的話：

大道之行，天下為公，選賢與能，講信修睦。故人不獨親其親，不獨子其子。使老有所終，壯有所用，矜寡孤獨，皆有所養。貨惡其棄於地，不必藏於己；力惡其不出於身，不必為人。是故謀閉而不興，盜竊亂賊不作，故外戶而不閉。是謂大同。（《孔子家語·禮運》）

在那個被稱為「大同」的時代，「大道之行，天下為公，選賢與能」，賢能的人可以被任用，説明社會是公平的、正義的。「講信修睦」，説明民風是淳樸的。「人不獨親其親，不獨子其子，老有所終，壯有所用，矜寡孤疾，皆有所養」，説明整個社會是溫暖的，是關注弱勢群體的。那些財貨，只心疼它不要白白浪費，但不一定為自己所有，説

明人的私心還不是那麼大。做一件事情，痛恨自己沒有為這件事情出一把力，看來那時的人有著很強的公德心。但是，不見得所有的人都會為他效勞，說明人是有底線的。最後的結果就是，陰謀詭計這些事情不會發生，外出的時候大門也不用關閉，說明大家生活在一個非常有安全感的社會當中。

這樣的時代，真的是美好。如老子講的那般：甘其食，美其服，安其居，樂其俗。

（《道德經》‧第八十章）

安居樂業，這種「大同」的世界，美好的生活是天下人共同的嚮往與追求。兩千年前，人們嚮往，今天仍然嚮往。有這樣的志向在心中，孔子自然是「好古」，孔子真正好的是那個「天下大同」的理想與追求。

信念與追求要化為具體的行動，要有實現的載體，正如過河要有工具。《詩》、《書》、《禮》、《樂》、《易》、《春秋》就是文化的載體，孔子投入了一生精力學習、理解、傳授、弘揚。孔子說自己「述而不作」，他真的就沒有「作」，沒有創新與發展嗎？當然不是，孔子只是謙虛啦！他是「寓作於述」、「以述為作」，將傳與承，古與今，述與作融為一體。他刪詩書，定禮樂，贊《周易》，修《春秋》，以此作為傳續道統的載體，一方面全力存續中華文化曾經創造的文明成果，同時，他在為真正的「創新」積累

養料，儲備淵源，使其靜深有本，綿延不絕。

這樣看，孔子的確是個「衛道士」，但這裡的「衛道士」是至高的褒義。只有真正把握大道，創新才有意義。所以，創新沒有問題，要明白的是，無論是創新，還是信古，都是為了更多地造福於我們所生活的時代，造福於他人，有了這個立足點，本著這個「一」，再來思考傳與承、古與今、舊與新的關係，就沒有問題。反此，偏其任何一端都很麻煩。

孔子不僅「述而不作，信而好古」，他還「默而識之，學而不厭，誨人不倦」。

子曰：「默而識之，學而不厭，誨人不倦，何有於我哉？」

有「默而識之，學而不厭」，才可繼承往昔。透過「誨人不倦」，才有開創未來。濟古維來，繼往開來，古往今來就由此而來。我們所看到的是，中華文化的根脈如「木欣欣以向榮，泉涓涓而始流」，源遠流長，奔騰不息。

二、孔子夢周公

在源遠流長、奔騰不息的時間長河中，還可以將鏡頭拉近，由夏、商、周的三代之英，定格到周公。孔子曰：

甚矣吾衰也，久矣吾不復夢見周公！

孔子說自己已經老得不成樣子了，很久沒有夢到過周公了。聽這語氣，看來他以前常常夢見周公。歷史上有許多著名的關於夢的記載，如「莊周夢蝶」，一隻栩栩然的蝴蝶，不知是它飛進了莊周的夢中，還是莊周進了蝴蝶的夢中。有「莊周夢蝶」這樣美好的夢，還有黃粱一夢、南柯一夢。

所謂日有所思，夜有所夢。是什麼使得孔子對周公魂牽夢繞？孔子夢周公寄寓著他怎樣的心念與嚮往？這要回到周公是何方人氏，回到孔子生活的時代，以及生他養他的那一方厚土。

周公，是周文王的兒子、周武王的弟弟、周成王的叔父。當年，周公在談到自己的地位最為尊貴的人。

這一身分時，曾說「我於天下亦不賤矣」。周公的身分豈止「不賤」，事實上，他是當時

周公德才兼備，一生輔國安邦。在文王去世以後，他盡心竭力輔助武王。武王去世後，成王即位，他又輔助成王。他建立了周王朝一整套完備的典章制度，即禮樂文明，使周王朝的政治徹底走上正軌。成王即位七年之後，已經可以獨立處理政務，周公於是把政權正式交還成王。「周公吐哺，天下歸心」，就由此而來。

孔子與周公很有緣分，孔子的出生地，就是周公的封地，魯國（今天的曲阜）。因為魯國是周公的封地，源於周公的地位，魯國祭祀周公，可以配享周天子的禮樂，魯國保存著完備的周禮，擔負著傳播禮樂文明的使命，這一切對孔子有很大的影響。孔子「崇周」，嚮往「鬱鬱乎文哉」的「周公之治」，他孜孜以求的便是周公的事業。在孔子心目中，周公是離他最近的，最為令人敬服的古代聖人，他日思周公之德，所以，其經常夢見周公。

到了晚年，孔子的理想有沒有實現？事實是沒有。此時，他感歎自己老了，「久矣吾不復夢見周公」，孔子發出這樣的慨歎，一則可能確是實情，但更可能的是，這是孔子對「道」之不行的隱喻性表白。

讀到此處，令人內心有幾分傷感。孔子自言自己老得不成樣子了，很久沒有夢見周公。彷彿是已經精疲力竭，旅程已經近了終點，前面已經無路可走。但是，接著，孔子還是表明他的心志。

子曰：「志於道，據於德，依於仁，游於藝。」

志：心之所之之謂志。據：執守之意。依：不遷不移。保持人性的自覺，有一顆仁愛之心。遊：涵泳其間。涵泳於六藝，即《詩》、《書》、《禮》、《樂》、

《易》、《春秋》。

意志沒有終點，從未改變。陳言舊語剛剛消散在舌尖，新的樂章又奏響在心田。這其中有道德的理性，有人性的自覺，還有藝術的價值。這樣的生活方式，具有無與倫比的榮耀，它憑藉信仰存活在似水流年中，人生就有了堅守，有了至高的追求，也有了不可逾越的底線。

三、品悟生命的至高追求

孔子是個坦誠的人。他説：

富而可求也，雖執鞭之士，吾亦為之。如不可求，從吾所好。

既然「富與貴，是人之所欲」，孔子表明自己的態度，對於「富」、「貴」，自己也不例外，同樣渴求。他明明白白地説：「如果富貴是渴盼就可以追求到的，雖然做個執鞭之士，我也去做。」

在古代，有幾種情況需要人執鞭：一是為王公貴族出行執鞭開道；一種是為市場執鞭守門；還有就是春天耕田，牛若是偷懶，就要給他幾鞭子。總之，都是苦累的差事。

可是，吃苦受累都不怕，富與貴就可以實現嗎？未必。

理想與現實之間有多遠？想要與得到之間有多遠？如何在雙方之間理性把握、駕馭、平衡，實在是需要一雙可以透視的靈眸，透過現象，超越理想與現實的距離，超越渴盼安享與實際的距離，回到生命的本質上來，即為「從吾所好」。做自己好之、樂之之事，方是最高追求，生命的至高意義。

孔子是真善美的追求者，他說：「朝聞道，夕死可矣！」孔子是真善美的鑑賞者，他評價《韶》樂是盡美又盡善。而《武》樂是「盡美矣，未盡善也」。孔子還是真善美的擁有者與享受者。

子在齊聞《韶》，三月不知肉味，曰：「不圖為樂之至於斯也。」

在齊國，孔子聽到了盡善盡美的《韶》樂，他全然地投入，深情地癡迷，竟然「三月不知肉味」，在一個至善至美的境界中物我兩忘。他說自己「沒有想到音樂能達到這樣的境界」，那個境界，的確是存在，有境界者方能達之。

據說，貝多芬在完成第九號交響曲後，有人問他其中的含義，他沉默以對，所能作的就是再彈一遍，當問的人還要追問美在哪裡時，貝多芬只有落淚以對了。有位研究貝多芬的作家說得好：「任何人想創造或欣賞璨溢之美，就必須能直透心靈深處，否則將永難達此境界。」古今中外，人同此心，心同此理。

四、孔子的素描

本篇的末章，是一幅孔子的素描：

子溫而厲，威而不猛，恭而安。

他溫和中透著威厲，威厲並不兇猛，謙恭並且安詳。這是孔子恭行君子的最佳寫照。

在本篇的首章，說孔子自言「述而不作，信而好古」。孔子之所「述」，「述」的是

聽音樂如此投入，做人也是一樣。

孔子時代的葉地，這裡的長官曾問子路：「你老師是怎樣一個人？」子路答不出。孔子對子路講，你為什麼不告訴他：

「發憤忘食，樂以忘憂，不知老之將至」，這是孔子聞道、行道、布道，全身心投入的最佳寫照。映照著覺醒的靈魂，呈現出最初的歡悅。在歡悅之中，不怕遙遠艱辛，穿過山河林地，他行進如馳，而又心如止水，心無旁騖。他消散在遠方的碧靄之中，雲水間透出霞光萬丈。光榮屬於他！

其為人也，發憤忘食，樂以忘憂，不知老之將至云爾。

先王之道，先王之道是「王道」，是「中道」。兩兩相對，如溫與厲、威與不猛、恭與安皆為相對之辭，常人有其一，難有其二。這看似矛盾的兩端，向深處尋，本質上透著高度的統一。唯有有修養、有境界的人方可把握、承載，且自然而然。孔子盡是如此，風度、神韻盡在其中。

孔子就是這樣，他就在「濟古」與「維來」之間，就在這「述」與「作」、「傳」與「承」之間，孔子於古、於今，於教、於學，於家中、於路上，成為恭行君子的最佳寫照。

所以，孔子好「先王之道」。「先王之道」在哪裡？僅僅是在那些書本之上嗎？當然不是。「先王之道」是有生命的，孔子就是「先王之道」在孔子那個時代生命的載體。

感知生命，需要將生命融入生命，懷有無限的敬意與溫情，走進先賢聖哲，走進孔子。

幾千年過去了，但是他們心脈的搏動仍然張弛有力，他們的呼吸吐納仍然靜定安詳。

孔子述而不作，傳承文明，就是要造就這樣的君子。

第七章　濟古維來

124

第八章 遠宗其道

——〈泰伯〉第八

《論語》第七章〈述而〉主要講述與作、傳與承，孔子自言「述而不作」，其實他在述中有作，在傳述的過程中，進一步總結與發揚。孔子總結與發揚的內容就是「堯舜之道，文武之法」，致力於傳續先王之道。

本篇是《論語》的第八章〈泰伯〉，隨著時光機繼續向前延伸，他要到歲月的深處，尋覓美德，遠宗其道，風化社會人心。

一、禮讓的天下

〈泰伯〉開篇說：

子曰：「泰伯，其可謂至德也已矣。三以天下讓，民無得而稱焉。」

本章的主角為泰伯。泰伯，何許人也？孔子誇他「至德」，擁有最高的德。

泰伯，周太王古公亶父的長子。古公亶父生有三子：泰伯、仲雍與季歷。季歷的兒子即為姬昌，也就是周文王。傳說太王見姬昌小時候就有聖德之氣象，希望將來姬昌可以繼位。可是，要實現這個願望，需要打破慣例。

按照周代的宗法制度，要實行嫡長子繼承制。古公亶父的王位應該傳於泰伯。可是因為姬昌，古公亶父希望將位傳與他的小兒子季歷，為的是便於將位傳於姬昌。泰伯清楚父親的心事，為實現父親的願望，不使父親為難，便同二弟仲雍出走至吳地，於是季歷即位，後傳位於姬昌，是為周文王。

歷即位，後傳位於姬昌，是為周文王。

禮讓天下，是為至德！

禮讓天下，就有可能造就充滿禮讓的天下！

讓，可以讓功名利祿。讓，可以是內心的誠敬與禮讓。孟子云：「辭讓之心，禮之端也」。

原來，大讓可以大到「讓天下」。

事實上，在中華民族的文化之中，「讓天下」的傳統由來久矣，自堯開始就有明晰的記載：

堯讓天下於許由，曰：「日月出矣，而爝火不息，其於光也，不亦難乎？時雨降矣，而猶浸灌，其於澤也，不亦勞乎？大子立而天下治，而我猶尸之，吾自視缺然。請致天下。」（《莊子·逍遙遊》）

無論是功還是名，大之又大者，莫過於有天下。多少人為了爭天下而兵刃相接，甚至兄弟成仇，父子反目。倘若可以有天下，誰人能讓？誰人又能辭之？此處，堯和許由就讓來讓去，且理由充分。

許由，相傳是堯那個時期的隱士，賢聖之人。堯很自謙，他將自己的功說成是燃燒不息而又火苗微弱的「爝火」。這微弱的火苗怎麼能和日月之光相比呢？他將自己的所勞、自己的付出比成是人工澆水灌地，這人工的澆水灌地又怎麼能和天降時雨相提並論呢？所以，他認為若是許由君臨天下，天下將大治，如日月之光常明，如時雨之降常潤。自己只是個擺設，空居其位，自己也認識到不足，請允許自己將天下交出來，交給許由。

面對堯誠心讓出的天下，許由並不心動，講了一番掏心掏肺的話：

子治天下，天下既已治也，而我猶代子，吾將為名乎？名者，實之賓也。吾將為賓乎？（《莊子·逍遙遊》）在許由心中，堯治理天下，天下已經得到大治。我許由出山

來取代堯，是為了「名」嗎？「名」是「實」所衍生出來的次要的東西。我要去追求這次要的東西嗎？

他說：

鷦鷯巢於深林，不過一枝；偃鼠飲河，不過滿腹。歸休乎君，予無所用天下為！

（《莊子・逍遙遊》）

在許由看來，一隻鷦鷯鳥飛入森林之中，它可以擁有整個森林。可是，它若是安家立戶，只能在一根樹枝築巢。偃鼠，一隻小海鼠，到河邊飲水，即便它擁有整條河流，也不過是喝滿肚子。勸君打消念頭，天下對我來說實在是沒有用啊！

世人尚爭，大者爭天下，小者爭功名利祿。這一切好像都是爭還爭不來，可是，古之賢達為何不爭，而要讓？許由的這番話講得再清楚不過了。

縱有廣廈千萬間，所需安放的也不過是七尺之軀。而有人有十幾間、幾十間、上百間房子，反而輾轉難眠，其實是莫大的諷刺與悲哀。縱有山珍海味千萬種，所求的也不過是一腹之飽。「名」與「實」之間有多遠？需要和想要之間有多遠？實在是需要一顆明心、一雙慧眼，取其實，不取其華，守其所遇，安其所居。

泰伯「三以天下讓」，就是屢次相讓，最後不得不以「逃離」來實現讓。這不是禮節

128

上的推讓，不是客套，是誠心誠意地讓。

將權力交於最應該擁有它的人手中，實現願望，以最高的德實現願望，即為至德。

這麼美的德，百姓都不知道該怎樣說了。

二、力求美德的中正

讓，實在是禮的根基，是禮的源起。孔子曰：

能以禮讓為國乎？何有？不能以禮讓為國，如禮何？（《論語‧里仁》）

在孔子看來，若是能做到以禮讓來治理國家，有什麼難的呢？若是做不到，又如何來談禮呢？

接著，孔子講到很多美德，如「恭、慎、勇、直」，但他們都要求以「禮」為標準，不能離開「禮」。他說：

恭而無禮則勞；慎而無禮則葸；勇而無禮則亂；直而無禮則絞。

勞：勞煩，勞擾，囉哩囉嗦。葸：膽怯、畏懼，畏畏縮縮，唯唯諾諾。絞：急切偏激、尖酸刻薄。恭與勞、慎與葸、勇與亂、直與絞，相近亦相連，需要用禮來把握、來掌控。

其實，某些美德似乎暗示著某些相應的惡習，比如，自信與自負離得很近，謙卑和

自卑長得非常像，無欲則剛與不思進取有時很難分辨。所以在推薦一種美德的時候，應

該權衡如何避免其相應惡習的產生，用最恰當的方法糾偏。孔子認為最好的辦法就是

「禮」，他說：

禮，所以制中也。

禮是為了實現「中」，《中庸》云「中也者，天下之大本」，恪守中正之道是禮的主

旋律。「恭、慎、勇、直」看似美德，但若是有所偏倚，不符合禮的要求，就會走向另

一端。恭而無禮讓人感到勞煩；慎而無禮看起來是膽怯、畏懼；勇而無禮多生禍亂；直

而無禮則急切偏激、尖酸刻薄，實在是讓人感到不舒服。孔子曰「給奪慈仁」，諂媚容

易混淆仁慈。貴在動心起念處是否符合禮，能否做到齊莊中正，進退有度。按照禮的要

求，恪守中正之道，方可恰到好處。

接著再向深處追問，禮如此重要，如何做到有禮？最佳方法是什麼？

子曰：君子篤於親，則民興於仁。故舊不遺，則民不偷。

遺：遺忘，遺棄。偷：淺薄，不厚道。

實現禮，重要之處就是上行下效。在上位者親愛親人，宜家宜室，宜兄宜弟，就為

百姓作出了示範。《大學》云「宜其家人，而後可以教國人」。百姓看到此，自然會「興於仁」，生發仁愛之心。在上位者不遺棄他的故交舊友，老百姓就不會人情淡薄。

三、曾子的突出地位

瀏覽本篇，就能發現其中有大量篇幅來敘述曾子之言，顯得特別明顯，那麼，這其中有何深意呢？

本篇的主旨在於「遠宗其道」，孔子在談以美德風化天下社會。本篇講述了孔子對於泰伯這樣的賢聖之人無以復加的讚美，最後還講述了孔子對於堯、舜、禹等三代明王的無上崇敬，卻又用了大量篇幅來表述曾子之言！

在我們讀來，這其中有著很深的邏輯，也是古人的思維方式。講到先生，必然要談起後學；說起老師，必然要談學生；講到過去，必然要說現在；講到本，必然要觸及末；講到理念，必然要明示方法；指清方向，必然要告知通達路徑。在很久很久以前，有許多的先賢聖哲，他們點亮了盞盞明燈，在孔子之後，貴在火種的傳續，此乃薪火相傳，相沿相續，至今也是如此。過去、現在、未來是一條線，從先生到後學是一條線，不絕如縷。

《論語》的編者是子思。子思學於曾子，曾子是孔子弟子，在子思心目中自然地位特殊。孔子「祖述堯舜」，遠宗其道，孔子近世效法文武，而他們身上正有周先人美德的傳承，其中也包含泰伯在內。

縱然是遠宗其道，亦不離其本始。禮是本，孝是始。身體髮膚，受之父母，不敢毀傷，是孝的本始，理應自重自愛。

曾子有疾，召門弟子曰：「啟予足！啟予手！《詩》云：『戰戰兢兢，如臨深淵，如履薄冰。』而今而後，吾知免夫！小子！」

曾子對弟子們講：「動動我的腳，動動我的手！《詩》上說：『戰戰兢兢，如臨深淵，如履薄冰。』從今之後，我知免夫」！這裡的「知免」，是免什麼呢？有人認為是免於刑戮。是如此，又不僅僅是如此。

所謂「免夫」，當是免於一切，包括刑戮，又不僅僅指刑戮。既然身體是本，所有傷害身體者，都應該「免夫」！還是要強調自愛自重。

自愛自重是本始。然而，君子還應該有些更深的智慧與美德。比如，無知有時就是一種極大的美德。無知怎麼會成為美德？是這樣的無知。

曾子曰：「以能問於不能，以多問於寡，有若無，實若虛，犯而不校——昔者吾

友嘗從事於斯矣。」

有能力而向沒有能力的人請教，知識豐富向知識貧乏的人請教，有像沒有一般，充實像空虛一樣，別人侵犯而不去計較。

對於這些美德，老子曰：

明白四達，能無知乎？（《道德經》第十章）

已經明白四達，為何要做到無知？無知是一個人的資本，是曾子所說的「以能問於不能，以多問於寡，有若無，實若虛」。無知，還是一個人匯聚百川，容納眾人的磁場。若是這一切的指向是博學，還有一點更為重要，就是心量廣大。能容下一切善法、惡法，善人、惡人。容下的標誌就是「犯而不校」，別人侵犯而不去計較。就是老子所云「報怨以德」，就是孔子所言「以直報怨」。總之，不是「以怨報怨」。為何不能以怨報怨？因為「和大怨，必有餘怨」（《道德經》第七十九章）。

自信，信人，被人信；自怨，怨人，被人怨；自愛，愛人，被人愛；自欺，欺人，被人欺。在循環之中，任何一個點是起點，也是終點。老子云：

善者吾善之，不善者吾亦善之，德善。信者吾信之，不信者吾亦信之，德信。（《道

德經》第四十九章）

當然，一名君子還會面臨許多考慮，曾子談到下面的話題，全是「精華」。

曾子曰：「可以託六尺之孤，可以寄百里之命，臨大節而不可奪也，君子人與？君子人也。」

六尺之孤：六尺，身材幼小的小孩，年齡在十五歲以下，託付幼小的國君。寄百里之命：寄，寄託，託付。百里，古代小諸侯國的封地的大小。命，國之命脈。寄託一個國家的命脈，即攝理國政。

所謂「臨大節而不可奪」也很重要。大節，能考驗節操的重大時刻、重大事件，以此代指國家生死存亡的時刻。奪，放棄，喪失。

一日可以託付幼主，這託付幼主不僅僅是指這小童的身家性命，更指這背後的江山，這是一份怎樣的信任，可以對得住這般的信任嗎？實在是一份考慮。事實上，這份精神激勵著無數君子為之踐行，如劉備白帝託孤。

二日可以託寄一個國家的命脈，即攝理國政。這裡講的就更加明確了，就是將國家交付於人。但是，是「代管」，不是「擁有」，很多人一「代管」，就動了想「擁有」的想法，就全亂了

第八章 遠宗其道

134

三日臨大節而不可奪，就是俗話所說的「關鍵時候不能失常」。

這三者的本質是一以貫之，就是以天下相託之時的考慮。能不能擔得起重任？可不可以被信任？理應深思之。

曾子曰：「士不可以不弘毅，任重而道遠。仁以為己任，不亦重乎？死而已，不亦遠乎？」

弘毅：弘，大也，寬廣，毅，剛毅。無論是君子，還是士人，需要經得起考慮，擔得起重託，可以被信任。因為他們弘大剛毅，以「仁以為己任」，不怕山高路遠，無畏川長水闊。問題是儒家宣導「仁以為己任，不亦重乎？」、「不亦遠乎？」，如此負重前行，會不會透不過氣來？

我們曾多次表達這樣的觀點，在我們先哲心中，人是天地之精華，但人不出天地之間。人要尊重天地，同時也仿效天地。所以，天地之德成為中國先民力量的源泉。天地的承載、負重多不多？遠不遠？會不會透不過氣來？貴在「上有極限，下有底線」。負重得其所，就不覺得重，心無掛礙，無憂無懼，反倒是寬裕、優遊。這份優遊如同《莊子》中所說的：

北冥有魚，其名為鯤，鯤之大，不知其幾千里也。化而為鳥，其名為鵬。鵬之背，

不知其幾千里也。怒而飛，其翼若垂天之云……。（《莊子‧逍遙遊》）

積之深厚，自然優遊。蓄積不深，哪裡會來什麼優遊？

四、君子貴在自成

積之深厚，自然優遊。積之不厚，就如《莊子》所云：

水之積也不厚，則其負大舟也無力……風之積也不厚，則其負大翼也無力。（《莊子‧逍遙遊》）

如何積之深厚？

子曰：「興於詩，立於禮，成於樂。」

這份積之深厚源於詩，源於禮，源於樂。一名君子、士人氣質的涵養生成，盡在於此。在詩中，表達內心情感的興發感動，實現溫柔敦厚；在禮中，規範人之舉止，中正地表達性情，實現恭儉莊敬；在樂中，有一份獨有的價值與情操，能夠激發那最豐厚深邃的生命精神。以詩言其志，以歌詠其聲，以舞來動其容，皆是源於本心，是故情深而文明，氣盛而化神，和順積中而英華發外。每個人的心底都有一種深深的渴望，一種關於生命、關於靈魂、關於愛與美的渴望，詩、禮、樂將這種渴望表達出來，而這種關於

靈魂深處的表達有種追求，即是人與自然的呼應，最終直指天地之心。如方東美先生所言「直透宇宙中創造的生命，而與之合流同化，據以飲其太和，寄其同情。」如此這般，才有力量行進於高山遠路之中，穿越那川長水闊。

子曰：誠者，自成也。自成當是如此。

五、祖述先王之道

既然是遠宗其道，就要講得明白些，再細化些，孔子所尊奉的到底是哪些道？這堯、舜、禹做了哪些事情，使得孔子念念不忘，予以無以復加的仰望與渴求？

本篇的最後幾章，孔子就一一說道。

子曰：「巍巍乎，舜禹之有天下也，而不與焉。」

巍巍，可以名之為高大、崇大、偉岸云而，總之是那些盡善至美的誇讚，都可與之相應，但都不能取代巍巍乎！之所以如此巍巍，在於「舜禹之有天下也，而不與焉」，他們治理天下，有所為但不自恃有功。好像是無為，實則是無所不為，無處不在，無不治。

舜禹無為而治天下，他們的法則源乎堯，堯所效法的是天道。天當然是大，當然是

高，當然是博，還是浩蕩無窮，還是美輪美奐。所以孔子對於堯的誇讚是「大哉！巍巍乎！蕩蕩乎！煥乎」，無以言復，無能名焉，怎樣的言語來彰表都不過分。既然堯所效法的是天道，天道落在人間應該如何？

孔子舉了禹的例子：

子曰：「禹，吾無間然矣。菲飲食而致孝乎鬼神，惡衣服而致美乎黻冕，卑宮室而盡力乎溝洫。禹，吾無間然矣。」

菲：菲薄。黻冕：黻，祭祀用的禮服。冕，祭祀用的禮帽。溝洫：溝渠水利之事。關於大禹，孔子說自己真的是不知道該說什麼好了！實在是因為他怎樣做都好。關於飲食，對於自己是粗茶淡飯，但對於鬼神祖宗，祭品豐盛，盡孝盡誠；關於穿著，對於自己是破衣爛衫，對於祭祀，卻講究至美；關於用財，自己的宮室是破敗簡陋，對於修治溝渠水利之事，卻毫不吝惜，絕不隨便。

天道落在人間該何為？效法天道，是為了造福於人。無我，是為了有他，有百姓；無私，是為了利他，利百姓，這樣的「無」才有意義。古代的明王皆是如此。對於一名王者來講，權力是為天下人謀利的責任，不是謀獲個人私利、滿足個人欲望的工具。

孔子祖述堯舜，遠宗先王，原來所尊崇的就是此「道」。他看到了「三以天下讓」的

「至德」，看到他們舉賢任能的盛舉，還看到了他們在日常瑣事上的所作所為。

這些「明王」重視什麼，輕視什麼？心中裝有什麼？又對什麼絲毫不在意？這兩兩相對的關係，為孔子點燃一盞明燈，在他心中有一幅清晰的天下安泰的盛景。為此，他全力以赴。

這就是信念的力量，「遠宗其道」的價值亦在於此。

第九章 主觀與客觀交參互贊

——〈子罕〉第九

《論語》第八篇〈泰伯〉，其主旋律在於「遠宗其道」，傳承那些由來已久的大道、美德。這些大道、美德只有與人產生互動，與人的生命與生活發生關聯，才真正有意義。在這個傳承、互動的過程中，需要人在主觀上盡到最大努力。

讀到這裡，還是要回到《論語》本身，回到《論語》體現出來的中華文化的思維模式，談到主觀，就必然離不開客觀。老子曰：

天下皆知美之為美，斯惡已。皆知善之為善，斯不善已。故有無相生，難易相成，長短相形，高下相傾，音聲相和，前後相隨。（《道德經》第二章）

當天下的人都知道什麼是美的時候，醜就產生了。當天下人都知道什麼是善的時候，惡就產生了。所以，有和無，難和易，長和短，高和下，音和聲，前和後，兩兩相

對，相依而生。

在兩兩相對之中，「仁」的本質是人性的自我覺知，人之所以為人，是一個人主觀能動的代名詞。與「仁」相對的，與人性的自我覺知和人的主觀能動性相對的，客觀的一切就姑且稱之為「命」。對於這兩者，孔子的態度是認同與讚許，他「與命與仁」。「命」與「仁」，即為客觀與主觀的交互參贊，是應該持有的態度，是本來應該盡到的本分，這就是本篇的主旋律。

一、孔子何以「罕言利」？

在〈子罕〉的開篇，明確記載了孔子的一個特點：

子罕言利，與命與仁。

罕：少。與：認同，讚許。罕言，不是不言，而是不常言。孔子為何要「罕言利」？關於「利」，孟子作過一番解讀。

在《孟子》的首篇，記載孟子與梁惠王之間的對話。梁惠王的第一個問題就是：「老先生不遠千里而來，能為我帶來什麼利益嗎？」孟子的回答是：「大王何必說利呢？只

眾人熙熙，皆為利來；眾人攘攘，皆為利往。孔子為何要「罕言利」？關於「利」，

要有仁義就好。」

想一想梁惠王的問題，實是情理之中。誰人不關心別人是否可以為自己帶來利益，帶來好處呢？但是，孟子卻談只講「仁義」就好。猛一聽，好像孟子有點虛，有點空。仁義？如何來衡量「仁義」呢？沒有看得見的實惠，要那個「仁義」有用嗎？有人自然會在心中升起這般的疑問。

孟子講了下面的話，或許有幾分道理，需要認真聆聽。孟子說：

王曰：「何以利吾國？」大夫曰：「何以利吾家？」士庶人曰：「何以利吾身？」上下交征利而國危矣。萬乘之國，其君者，必千乘之家；千乘之國，其君者，必百乘之家。萬取千焉，千取百焉，不為不多矣。苟為後義而先利，不奪不饜。（《孟子·梁惠王上》

孟子看到，如果人人言利，那麼一個國家的大王就說「用什麼使我國獲利」？這國的大夫就說「用什麼使我的家族獲利」？士人（公務員）和老百姓就說「用什麼可以使我自身獲利」？上上下下交相牟利，國家就危險了。擁有萬乘兵車的國家，謀害它君主的必定是擁有千乘兵車的家族；擁有千乘兵車的國家，謀害它君主的必定是擁有百乘兵車的家族；萬中取千，千中取百，這個機會已經不能算不多了。如果不顧義而重利，那

麼不奪取全部是不會滿足的。

程子曾評價《論語》、《孟子》的不同，他説：「孔子言語句句是自然，孟子言語句句是事實。」從孟子這裡的話來看也很有道理。人的本性，就是一個欲望滿足之後的繼續膨脹，直到欲壑難填，直到奪取全部。這時，天道就將發揮作用，當生發奪取全部之心的時候，往往就是一無所有之時。

《格林童話》中記載了一個關於漁夫、漁夫妻子和比目魚的故事：

比目魚可以滿足他們的要求，開始，漁夫妻子只是想要一個房子，可是在滿足之後，欲望就膨脹了起來。貪婪的漁夫妻子向比目魚提出了各種各樣的要求，要別墅，要宮殿，當國王，當皇帝，當教宗，她甚至要控制太陽和月亮，最後卻變得一無所有。

童話是童話而已，但卻在表達真理。

富與貴本來就是「人之所欲」，追求利益最大化是人之本性，不用學就會，若是再被鼓勵，甚至縱容，怕的是會走向一條不歸路。

對於利的貪婪，有可能迷亂一個民族的心智。想一想，毒奶粉、地溝油……哪一事、哪一物不是源於對利的貪婪。真理往往會站在世俗的對面。所以，人人都知道「利」的重要，孔子卻罕言。罕言，不是不言，而是不常言。但凡提及這個話題，必定先放一

個校正器在前面，是義字當先。

但是，關於「命」，關於「仁」，孔子是認同和讚許的。

何為「命」？我是誰？我從哪裡來？要到哪裡去？這些問題的答案如渺漫的星空，無有邊際。

羅素在他的名篇〈一個自由人的崇拜〉中認為，人是各種原因的產品，並無法預知這些原因將來會取得什麼結果。他的孕育和成長、希望和恐懼、情愛和信仰，只是原子偶然組合的結果。沒有哪一種熱情，沒有哪一種英雄主義，沒有哪一種強烈的思想和情感，能超越墳墓而維持一個個體的牛命……只有在這些真理的架構中，只有在頑固失望的堅實基礎上，靈魂的處所才能安全地建構起來。

羅素的這段話有幾個關鍵字，比如「偶然」。我們從哪裡來？偶然的結果。不僅是「從哪裡來」是如此，「情愛」、「信仰」都有著許多偶然的成分。有偶然就有必然，必然是什麼？必然要走向墳墓。這樣講，豈不是讓人很失望？聽起來有幾分悲觀。

可是，只有在頑固失望的基礎上，靈魂的安全處所才能夠建構起來。這一切，就是真理的架構。

「命」是真理的重要組成部分，認命，是對於客觀的理性認知，對於真理的接受。

若是講「命」是不可抗衡的客觀必然，「仁」，是主觀能動的代名詞，是人性的自覺。覺知我之所以是人，我與其它物種的不同，或者我與他人的不同，我的擅長所在，我的弱項所在。在對於自我充分認知的基礎之上，在客觀必然（命）面前最大限度地爭取主動，因自覺而自在，也可以稱之為靈活、主動。

「仁」與「命」，即是主觀對於客觀的最佳回應。

人的一生無不在主觀與客觀、「命」與「仁」之間互參互動。

正因如此，孔子「與命與仁」。他認同「命」，讚許「仁」。在這兩者之間，他引導人們持有對於「命」的理性認知，更多的在談論關於「仁」的主動追求。這是全篇的主旋律，也是孔子對於生命態度的主旋律。

面對「命」，需要積極地、主動地追求。由此，成就了博學的孔夫子。翻開有關歷史記載，孔子博學的事例可以說俯拾即是。

孔子的「博學」表現在方方面面。可以說，孔子上通天文，下知地理；他熟悉歷史，也深諳現實；他講治國平天下的「大道理」，也談為人處事的「小枝節」；他通曉《詩》、《書》、《禮》、《樂》典籍，也識於鳥獸草木之名。孔子的博學，使得他聲名遠播，身邊聚集了眾多弟子。這些弟子「皆服孔子之化」，衷心佩服與尊重孔子。

正是源於孔子聲名遠播，就連達巷的一位鄉親都知道孔子博學，他說：

大哉，孔子！博學而無所成名。

從這位鄉親的語氣來聽，他的確是聽到別人談起孔子的博學。但是，他有點納悶，

從他的角度來看，孔子並沒有什麼專長啊。真不知道他是駕車比較好，還是射箭比較

好。不同的人，對於價值認知、評判的角度是不一樣的。或許，在這位鄉親的心中，從

平民的角度來看，要麼是駕車的好天才，要麼是射劍的能手，要麼是種田的好手，除了

這些，什麼能配得上如此的誇讚呢？難不成是華而不實？

縱然這位鄉親不瞭解孔子，孔子卻相當瞭解他。孔子不僅自謙，還很是幽默。他沒

有講一番道理，來證明自己並非「無所成名」，不是「華而不實」，實實在在是有其名，

且有其實。而是以反問的語氣，自問自答，順著這位鄉親的話，謂門弟子曰：

吾何執？執御乎？執射乎？吾執御矣。

他說：「我有什麼專長呢？是駕車呢？還是射劍呢？我的專長是駕車吧！」

二、洞悉「禮」的本質

孔子對於人生的主動追求，從來沒有脫離一個字，那就是「禮」。

孔子對「禮」的堅守，源於他對於「禮」的本質的把握。瞭解了「禮」的本質，就以「仁」作為守禮的自覺。

接著，孔子講了兩件事情，他說：

麻冕，禮也；今也純，儉，吾從眾。拜下，禮也；今拜乎上，泰也。雖違眾，吾從下。

一者是關於戴什麼樣子的禮帽。以前的人都帶用麻冕材質的緇布冠，這種帽子要用三十升布才能做好，細密難成。現在呢，他要戴用黑色的絲做成的禮帽，非常儉約、方便。孔子說「吾從眾」，也就是「跟風」，他認為大家現在的做法就很好。

再一件事，如何行對君主的跪拜之禮？

按照古代禮制規定，臣下拜見君主應先在堂下行跪拜之禮，君主說「免禮」之後再到堂上行一次禮，這才符合古禮的要求。孔子所處的時代，禮崩樂壞，臣子們已經免去了堂下之禮，直接到堂上行君臣之禮。對於這種做法，看著簡單，失去的其實是內心的恭敬。孔子說：「雖違眾，吾從下。」他特立獨行，堅守古禮的做法，雖然這種做法與當時的主流是相背的。

無論是「帽子」問題，還是「跪拜」的問題，本質都是在表達孔子對於「禮」的態

度。對於「禮」的形式是堅守，還是革新？是隨波逐流，還是特立獨行？

都不是！他那樣做，是因為他洞悉「禮」的本質，把握了禮的內在精神。失去了禮的內在精神，禮還有什麼意義？

孔子的心中有著一條清晰的價值主線，貴在是不是符合「禮」、符合「理」，是不是符合「人心」。禮的形式需要與時俱進，但本質不能變。一旦遇到以影響禮的本質為代價的「革新」，孔子則「違眾」、「從古」，就顯得「特立獨行」。

三、斯文在茲：孔子的使命

本篇的主旨是講主觀客觀的交參互贊，談完主觀談客觀，談完客觀接著談主觀。主觀即為「仁」，客觀即為「命」。

談到「命」，孔子的命好不好呢？老天派孔子來，他有著怎樣的命數呢？對於自己的一生，孔子做了一番總結，這是孔子簡短、精到的人生總結：

子曰：「吾十有五而志於學，三十而立，四十而不惑，五十而知天命，六十而耳順，七十而從心所欲，不逾矩。」（《論語‧為政》）

孔子是到了十五歲那年，才懂得了學習很重要，才開始熱愛學習了嗎？當然不是。

在他很小的時候，玩遊戲都和別的孩子不一樣，他的「玩具」是「俎豆」，他玩的過家家是「設禮容」。俎豆是祭祀時盛牛羊等祭品的禮器，豆是上古時盛食物的器皿。「設禮容」，就是在習禮。看來，在他幼小的心靈之中，就有著立志向禮的種子。

禮是道的載體，是天地大道與生活實踐的結合體。孔子在十五歲時，他的目標就相當明確，志於學「道」，學習修己安人之道。也就是，孔子十有五而志於學，核心在於志向就相當堅定，且是他一生的追求。

到了五十歲，孔子認為「知天命」，知道老天派自己來是做什麼的。知天命的本質在於對於自我的認知，看似人的一生一直在不斷地向外尋逐，但就其本質而言，其實是一個自身與社會、與自然相參互動的過程。對自己的認知愈是到位，愈是能在互參的過程中盡性，從而由盡人之性到盡物之性，贊天地之化育。

也正是基於對於自我、對於天命的正確認知，無論是孔子出仕，學而時習之，從心底感到喜悅，還是周遊列國，顛沛流離，均是「上不怨天，下不尤人」，造次必於是，顛沛必於是。

這一次，他被困在了匡地。

子畏於匡，曰：「文王既沒，文不在茲乎？天之將喪斯文也，後死者不得與於斯文

也；天之未喪斯文也，匡人其如予何？」

匡，古代的地名。孔子說「周文王已經不在了，『文』就集聚在我的身上，老天要是打算消亡這種文化，那麼，就不會讓我掌握這種文化了；如果老天不打算消亡這種文化，匡人又能把我怎麼樣呢？」這裡所講到的「文」，不僅是通曉「詩、書、禮、樂」云而，本質是在傳承由「詩、書、禮、樂」所承載的道統，中華文明一脈相承的價值體系，也可以理解為「文武之道」。

孔子之所以在困境中如此安泰，對於生命的追求可以做到全力以赴，恰恰是源於對於「命」的理性認知。對於生命的至高信任。對於「命」的最高認知，就是履行天命，知道老天派自己來是做什麼的，清楚自己的責任與使命。全力以赴，問心無愧，既無憂無懼，也沒有患得患失。

在以「達巷黨人」為代表的平民心中，稱孔子「大哉」、「博學」，雖然那位鄉親不太理解孔子「大」在了哪裡。在孔子自己心中，明確地認知到「斯文在茲」，文化道統傳續的使命在自己身上。

在以「太宰」為代表的官員心中，怎麼看呢？

太宰問於子貢曰：「夫子聖者與？何其多能也？」子貢曰：「固天縱之將聖，又多能

也。」子聞之，曰：「太宰知我乎？吾少也賤，故多能鄙事。君子多乎哉？不多也。」

這位太宰認為孔子是聖人。若不是聖人，怎麼這樣多才多藝？子貢認為自己的老師就是一個聖人，且是一個「天之將聖人」，是老天派來的。想想看，子貢的話有道理，上天要降下一個聖人，當然是要他資質好、天分好，且多能。

但是，孔子不這樣看，孔子認為這位太宰不太瞭解自己。因為小時候家裡窮，既貧且賤，所以會做很多鄙賤的事情。孔子三歲的時候，其父親就去世。孔母將他帶到了曲阜一個名叫闕里的小巷，孤兒寡母要想生存很不容易。謀生是第一要務。孔子在季氏家做過記帳員，做過飼養員，別人問他怎樣將上述的工作做好，孔子認為做記帳員只要帳目記清楚就可以了，做飼養員使牛羊茁壯成長就可以了。面對本職工作，孔子認真負責。自力更生的生活也鍛鍊了孔子堅韌的優秀特質。生在貴族家的君子會有這麼多技藝嗎？不會這樣多！

是這樣，博學的孔夫子有許多老師，他學無常師，而最大的老師是「生活」本身。當他的生命邂逅逆生活，無論是什麼樣的現狀，孔子的態度都是積極、主動、樂觀。窮人的孩子早當家，有時候，苦難是成就一個人的助推器。

四、當止則止，當進則進

在行進的路上，子在川上曰：「逝者如斯夫，不捨晝夜！」生命如川流，奔騰不息，晝夜不捨。隨著這一江春水，萬物受其潤澤，含生長養，百化興焉，浩然同流。人受此感召，自是當振作生命，奮然有為。

人應該有著對於美德的全然追求，遺憾的是，孔子說：

吾未見好德如好色者也。

孔子說自己從來沒有見過像「好德」那般「好色」的人。

好色，人性之自然。《大學》云「如好好色」，愛美之心人皆有之。可是對於「色」的理解，不能僅僅局限於美色。何為「色」？五官所能感知到的一切，都可以化為「色」的範疇。好不好呢？當然是好了。五彩繽紛、色彩斑斕的世界令人心醉神往。但是，有沒有弊端呢？當然有了。老子曰：「五色令人目盲，五音令人耳聾。」怕的是就在這五彩斑斕之中，沉溺與迷失。

好德，天理之當然。何為天理？

子曰：「天何言哉！四時行焉，百物生焉，天何言哉？」（《論語·陽貨》）

天從來都不說話，春作、夏長、秋斂、冬藏，萬物受其潤澤。

好色與好德，人心和天理，這之間有一個距離，有時近在咫尺，有時遠在天涯。人之所以為人，人的一切努力，都是在縮短這段距離，使其合一。在這個過程中，當止則止，當進則進。何時選擇停下來？何時行進？

子曰：「譬如為山，未見一簣，止，吾止也。譬如平地，雖覆一簣，進，吾往也。」對於止，停下來，孔子作了個比喻，他說好比堆土成山一樣，只差一筐土就成而停下來，這是我自己的選擇。

對於進，孔子說好比在平地堆土，儘管只有一筐土，但是繼續下去，這是我所堅持下去的。

這「止」之於「進」，猶如休憩之於工作，也如眼瞼之於眼眸，正像煞車之於油門。

他們的關係兩兩相對，彼此相依，合二為一。

行走於道路之中，煞車要很靈活，才可放心地行進如馳。貴在有恆，亦貴在適可而止。但是，我們還要注意一個現象。在行進的道路之上，踩油門是主要工作，偶而煞車，才可以很快地到達目的地。；反之，如果踩煞車變成了主要工作，踩油門變成了偶然，就很麻煩。何時會有這樣的境況：上下班的高峰期，城市交通是全國一片大壅塞，踩煞

車是主旋律，踩油門成為偶然。看似在塞車，實在是心塞。

在自然界中，孔子注意到這樣一種現象，引發起他的感慨。

子曰：「苗而不秀者有矣夫！秀而不實者有矣夫！」

苗而不秀：長苗而沒有開花吐穗。秀而不實：開花吐穗而沒有結果。

按照常理來講，一顆穀苗生根發芽，進而開花吐穗，碩果累累，這是自然規律，是必然如此。但有必然，就有偶然；有一般情況，就有個別情況。必然如此，不意味著絕對如此。所以，孔子才說：長苗而不開花吐穗的有呀！開花吐穗而不結果實的有呀！的確如此。

可是，為何長苗而沒有開花吐穗？為何開花吐穗而沒有結果實？這可能會有兩種情況：一種是「人而無恆」，沒有恆心，主觀上努力不夠，功虧一簣，終無所獲；還有一種情況，是自然的環境，在主觀上已經盡到了全部努力，但是剛剛長苗就趕上了冰雹天，剛剛開花就迎來暴風雨，同是無所獲。對於前者，就是要努力、有恆，別無捷徑。對於後者，就是理性地面對，坦然地接受，安靜地等待下一個春天。這也是主觀對於客觀、「仁」對於「命」應該持有的狀態。

關於冰雹天、暴風雨的情況，實在是沒有什麼好講，是意外，發生了，接受就好

了。去探究這意外的風雨由何處來，天不應，地不答。但是，對於主觀上的努力，需要

明白「我」是最能動的要素，在很多情況下，「我」可以做出選擇，時不我待。歲月、

年華像那東逝之水，一去不返，少壯不努力，老大徒傷悲。努力還是不努力，自己可以

做出選擇。

還有一點，就是自然規律會起作用，源於生生不息，即使甲不努力，乙也會努力；

即便是你不努力，我可能會努力；現在的人不努力，年輕一輩也會有人努力。所以，孔

子認為「後生可畏」。

子曰：「後生可畏，焉知來者之不如今也？四十、五十而無聞焉，斯亦不足畏也

已。」

如果一個人到了四十、五十還無所建樹，沒有什麼值得稱道的地方，就沒什麼可以

讓人生畏的了，就不足以被人所畏。「畏」在此處為敬畏之意。

明白了主觀與客觀的關係，主觀對於客觀應該持有的態度，就是「智」，智者自然

無惑。主觀的努力即為「仁」，全力以赴地去做，得之泰然，失之安然，無可憂懼。真

正的勇者，有著全然的勇氣，還有著全然的擔當，無所畏懼。

總而言之，做到「智」、「仁」、「勇」就是主觀對於客觀，人對於「命」，應該持有

的態度。由此而「知者不惑，仁者不憂，勇者不懼」、「知者樂水、仁者樂山」，在山水自然間，人與自然融為一體，樂夫天命毋需疑。

五、「命」與「仁」交互參贊

事實上，真正明達主觀與客觀的關係，在主觀與客觀的交互參贊之中，實現行進如馳並不容易，很難企及，但是，難道因為不容易實現，就真的不能實現嗎？

子曰：「可與共學，未可與適道；可與適道，未可與立；可與立，未可與權。」

共學：共同學習。適道：志同道合。適，往赴。孔子認為可以一起學習的人，未必都能學到道，實現志同道合；能夠學到道的人，未必能夠堅守道；能夠堅守道的人，未必能夠隨機應變取中。

榜樣樹立起來，如何學習？如何仿效？是不是要照抄照搬、東施效顰，如果這樣拘泥就會出問題。面對的情況不一樣，個人的條件不一樣，環境不一樣，時空有了變化，需要就事論事，適時權變，這才符合中道。榜樣、標竿只是一個參考、一個方向，學習的本質是與自己呼應，與環境呼應，融合成新的行動，選擇最合時宜的辦法。適合的，就是最好的。

可以一起學習的人，未必都能學到道，實現志同道合；能夠學到道的人，未必能夠堅守道；能夠堅守道的人，未必能夠隨機應變。按照這個機會，豈不是實現學道、行仁真的是少有人企及，很難，又很遠。

真的是這樣嗎？本篇的末章有這樣的表達：

「唐棣之華，偏其反而。豈不爾思？室是遠而。」子曰：「未之思也，夫何遠之有？」

唐棣樹的花迎風飄搖，這花瓣離開花朵，有時又隨著風返回。我難道不思念你嗎？只是家住得太遙遠了。

但孔子不這樣認為，他說你還是沒有真正的思念，真正思念了就不會覺得遠，山高水遠都不畏懼，千難萬險也不退縮。

命就是命，客觀就是客觀；人就是仁，主觀就是主觀。孔子的態度是「與命」、「與仁」。「命」是老天的安排，「仁」是自己的選擇。他認命，更欣賞主觀的努力。機遇，總是留給有準備的人，善於抓住機遇，就是客觀對於主觀的最佳呼應。

第十章 日常的視聽言動

——〈鄉黨〉第十

孔子曾說：「士志於道，而恥惡衣惡食者，未足與議也。」（《論語·里仁》）

在孔子看來，如果一個人天天為他穿得不好、吃得不佳而耿耿於懷，這種人是難以有君子情懷，難於追求「道」行天下的。是的，如果一個人對他自身的小謀小利、小恩小怨都不能有所超越，怎麼可能對他人的疾苦有所牽掛，為天下人謀利益呢？

接著，這裡就有一個問題，難道君子就要惡衣惡食、破衣爛衫、節衣縮食嗎？道德高尚的人是不是就沒有最低的生活要求？必須拋棄自我、拋棄對生活特質的追求和天性的快樂嗎？當然不是這樣。

每個人都有選擇自己生活方式的權利。有特質的生活是一種生活方式，節衣縮食、生活簡樸也是一種生活方式。

但是，任何事情都怕走向另外一個極端、一個反端。原點：以惡衣惡食為恥，為穿得不好、吃得不佳而耿耿於懷；反端：為了顯示所謂的「道德高尚」，而刻意追求「惡衣惡食，節衣縮食」。這個反端會出現怎樣的後果呢？一些苦行的、所謂「道德高尚」的人拋棄了自我的愉悅，也容易剝奪別人的快樂。

更可怕的是，在這些所謂「道德高尚」的名義下，可能始終存在著對於他人追求美、擁有快樂的敵視，進而引起一種徹底的價值顛倒。例如，美可能被視為不應該擁有和追求的，貧與苦、破衣爛衫被看成光榮和自豪。

關於這一點，羅素認為：

精神生活不只是由思想和知識組成，它也不會是完全健康的，除非它與普通的社會生活有某種本能的聯繫……一旦與社會本能分離，思想就像藝術一樣，容易變得過分講究細節和矯揉造作。

所謂普通的社會生活，也就是上班、下班，衣、食、住、行，每個人能知能行的範疇。也就說，思想與藝術一旦脫離了應用層面，脫離了生活層面，被束之高閣，就失去了它應有的價值與意義，失去它應有的生命與朝氣。

那麼，我們再來讀孔子學說，再來品思我們的文化傳統。如果它僅僅是一套完備的

理論體系，僅僅是思想層面的引導，是飄在空中的大道理，一定會如同浮雲一般。浮雲的特性，就是無論雲層是薄還是厚，終究會飄過，不留痕跡。可是，事實是，孔子的思想光耀千年。

孔子說：「三人行必有我師焉，擇其善者而從之，其不善者而改之。」孔子又說：「知之為知之，不知為不知，是知也。」這些話，在中華大地婦孺皆知。即便是很多僑胞，實客走他鄉，生活方式仍然與我們一樣。孔子思想，我們的文化傳統，富有永恆之美，實在是源於它的實用價值。它在引導一種正確的生活方式，幫助提升把握本質的能力、解決問題的信心、面對困難的勇氣，增強追求幸福的能力，開啟智慧的源泉。

孔子說「道不遠人」，實在是如此。既然普通生活就是衣、食、住、行，那麼孔子是如何生活的？他的衣、食、住、行怎樣？他的視、聽、言、動如何？從他的日常生活中可以得到什麼樣的認知？對我們理解生活的真諦會有怎樣的啟發？

在〈鄉黨〉這篇，每一個場景都是一幅完整的畫面，似一部部微電影，立體、動感，如親臨其音容笑貌。他溫和、堅定的神態和無可挑剔的細節，成為這個世界一抹別樣的色彩，呈現出的是一位平凡而高人的君子形象。於是，人們有了生動的學習榜樣。

一、於公於私，於上於下，都是剛剛好

◆ 在老家

第一組鏡頭，映入我們眼簾的是：

孔子於鄉黨，恂恂如也，似不能言。

孔子在老家，在宗族鄉里，與他的父老們在一起。孔子的表現是「恂恂如也，似不能言者」。恂恂，溫和恭順的樣子。孔子「似不能言者」，意思是好像不太會說話的樣子。

這實在是孔子的恭謹與謙和，是他深厚涵養的表現。在宗族鄉里，面對左鄰右舍、父老鄉親，他不是侃侃而談，不是見了誰都是一副老師的樣子。所謂「人之患在好為人師」，不能見了誰都好像是他的學生，都是他的下屬，都想教育一番，做一番思想政治工作，搞得連空氣都是緊張的，大家都不願意和這樣的人相處。

所謂宗族鄉里，是日常生活的地方，是令人放鬆的地方。面對父老鄉親、左鄰右舍、兄弟姐妹，孔子的表現是謙恭有禮，他好像輕聲細語地聊著天氣和工作，說說家

常，微微的笑容牽動嘴角，給人帶來放鬆與愉悅。他的謙恭，將他的平凡與不平凡統一。

◆ 在宗廟、朝堂

接著，講到在宗廟、朝堂之上，孔子的表現是：

便便言，唯謹爾。

便便言：善於辭令，很會講話。唯謹爾：務實謹慎。

善於辭令是自信的表現，在宗廟、朝堂之上自然是要自信，自信才可以擔當，才可讓人放心、被人信任。但自信與自負只有半步之遙，孔子的表現是：善於言辭而又務實謹慎。

子張曾經向孔子請教如何求取祿位。求取祿位，在某種意義上也可以理解為「升官發財」。

子曰：多聞闕疑，慎言其餘，則寡尤；多見闕殆，慎行其餘，則寡悔。言寡尤，行寡悔，祿在其中矣。」（《論語・為政》）

孔子教育子張應該多聽、多看，謹慎言行。首先要多聽，保留有疑問的地方，對有

163

把握的問題，慎重地進行談論，就會減少錯誤。接著要多看，保留有疑問的地方，其餘足以自信的事情，慎重地去做，就會減少追悔。說話減少錯誤，做事減少追悔，官位俸祿就在這裡面了。

事實上，「多聞多見」的目的在於博學；「存疑闕殆」就是求真切問，「慎言慎行」是敦厚崇禮；「言寡尤，行寡悔」就是極高明而道中庸。因為用中，自然中用，就是「祿在其中矣」。孔子自身是很好的踐行者：自信而又溫和恭順，有擔當又不割傷人，光而不耀，溫潤而澤。

◆ 事上待下

同是在朝堂之上，事上待下，孔子的言行舉止，還有不同。

朝，與下大夫言，侃侃如也；與上大夫言，誾誾如也。君在，踧踖如也，與與如也。

侃侃如也：溫和快樂的樣子。誾誾如也：和悅而諍的樣子。踧踖如也：恭敬而不安的樣子。與與如也：行步安詳的樣子。

在朝堂上，同下大夫說話，溫和而快樂，無有居高臨下之感；同上大夫交談，正直

而恭敬，沒有諂媚之色。君主臨朝，心中恭敬好像似不安，同時而又行步安詳，威儀中適，中正平和。

◆ **迎賓**

再接著映入我們眼簾的鏡頭是：他代表君主接待客人，展示的是一國之威儀，彰表的是邦國之形象。

君召使擯，色勃如也，足躩如也。揖所與立，左右手，衣前後，襜如也。趨進，翼如也。賓退，必覆命曰：「賓不顧矣。」

擯：同儐，接待客人之人。勃：變色貌。躩：動作變快，這裡是指腳步加快。襜如：衣服整齊的樣子。

我們看到的孔子形象是：他表情莊重，腳步加快，神采奕奕。他迎賓並伴賓行走，左右兼顧，彬彬有禮。他的衣服隨之前後擺動，卻整齊不亂。快步向前走時，像鳥兒展翅一般，風度翩翩。他有迎有送，當客人已經走遠，不再回頭時，向君主回覆，有始有終，慎終如始。

在這一組鏡頭中，孔子在不同的角色、不同的場合中保持著平衡。他給人以充分的

信任與尊重。這些特質，使得他不僅風度翩翩，讓人感到安定、踏實，更是在「宗廟朝堂與宗族鄉里」、「動與靜」、「張與弛」之間的平衡與駕馭。於公於私，事上待下，行處住臥，於任何時候，都是剛剛好！

二、特寫：鞠躬如也

〈鄉黨〉這一篇三次講到他「鞠躬如也」，構成一組特寫的鏡頭：

公門，通往朝堂的大門。攝齊升堂：提起衣下擺，指上朝的時候。圭是一種玉器的名字，長條形。執圭即奉持圭，為受命出使時的信物。

入公門，鞠躬如也，如不容。

攝齊升堂，鞠躬如也，屏氣似不息者。

執圭，鞠躬如也，如不勝。

這一組特寫鏡頭，動作是相同的：鞠躬如也。神情又各有不同：有時好像不能容身；有時屏住呼吸，好像沒有喘息；有時好像不能任勝。

無論是相同的動作，還是不同的神情，主旋律都是一致的，都是自卑而尊人，誠敬到極致。能做到這一點，實在是深厚學養的表達，更是源於內心深深的自信與自覺，也

可以稱之為「仁者情懷」。

謙恭，是孔子骨血中的基因。說到鞠躬，說到謙恭，可以在孔子的先祖那裡找到這樣的基因。

在《孔子家語・致思》中，有一節南宮敬叔與魯昭公的對話，談及了關於孔子先祖的一些事：

孔子的七世祖正考父有幾分不同常人，他輔佐了宋國的三代國君，可謂是三朝元老，且一而再、再而三地被加封。俗話說「人逢喜事精神爽」，許多人一次加封就已經神氣洋洋，再次加封就可能趾高氣昂，三封則極可能樂昏了頭。可是這正考父恰恰相反，他是彎腰屈身。每加封一次，正考父的腰彎得更深了，還貼著牆根走，有點不可思議。

就是這深深地低頭，深深地彎腰屈身，溜著牆根邊，謙卑、恭敬自在其中。其先祖就是這樣的謙卑、謙恭，孔子的骨子裡流淌著這樣的血脈。

三、特質・品味

一名君子，不會為穿得不好而感到沒面子，自然也不代表他不在力所能及的範圍內

講究。這一組鏡頭就是很好的說明：

君子不以紺緅飾，紅紫不以為褻服。當暑，袗絺，必表而出之。緇衣，羔裘；素衣，麑裘；黃衣，狐裘。

紺緅飾：紺緅，青紅色，玄纁之類，均為祭服的顏色。祭服的顏色，當然不能作為領口與袖口的裝飾，多有不吉之感。

褻服：私居或閒居時的衣服。也就是講家居服、睡衣，不穿大紅大紫的顏色。根據「五行」的講法，南方主赤色，在五行中屬火，入通於心，開竅於耳。紅色，鼓舞人的心氣。但是，平時的那種大紅大紫只會讓人的心火過於旺盛，沒有什麼好處。看來，家居服、睡衣，不穿大紅大紫，不僅是美觀的問題，還是養生，很有科學。

袗絺綌：袗，單衣。絺，細麻布單衣。綌，粗麻布單衣。外出時的衣服，裡面一定要有襯衣，單衣穿在外面。

緇衣，羔裘：緇，黑色。羔裘：黑羊皮。緇衣，羔裘，黑色外衣配黑色羊皮內襯。

素衣，麑裘：麑：小鹿，色白。白色外衣配白色羊皮內襯。

黃衣，狐裘：狐，色黃。黃色外衣配黃色羊皮內襯。

這一組鏡頭在表達，一名君子在不同的場合不同的衣著打扮。在孔子心中，衣、

食、住、行都是禮的載體，是關於禮的表達。如此這般，服裝就不只是一件衣服，重要的是它所反映的一個人的生活方式，還有一個人的品味。追求質料、版型、剪裁、配飾視覺上的美感與質地的和諧統一。禮服、朝服、家居服，各有特點。在不同的角色、不同的場合保持著平衡。

四、深厚的教養

我們只要留意，孔子的一舉一動都能體現他的涵養。孔子深厚的教養、敦厚的君子氣度，在他處處的細微動作中閃光：

鄉人飲酒，杖者出，斯出矣。

這裡所說「鄉人飲酒，杖者出，斯出矣」，是說在舉行鄉飲酒的禮儀時，孔子等拄杖的老人走出以後，自己才出去。

鄉人飲酒，是說臘祭時，在鄉中飲酒。杖者出，即年齡較大者先出。《禮記・雜記》記：「子貢觀於臘。孔子曰：『賜也，樂乎？』對曰：『一國之人皆若狂，賜未知其樂也。』子曰：『賜也，百日之臘，一日之澤，非爾所知也。』」

當「一國之人皆若狂」而出之時，眾人不再有先後順序，令人慨歎。在這樣一年一

度的歡聚時，人們快樂、狂歡，其實，禮的實質是什麼呢？孔子在思考。

鄉飲酒禮本質上是尊長、敬老的禮儀，這時遵循的禮節，有助於社會養成尊老、養老的風俗。《禮記‧鄉飲酒義》記載說：「鄉飲酒之禮，六十者坐，五十者立侍以聽政役，所以明尊長也。六十者三豆，七十者四豆，八十者五豆，九十者六豆，所以明養老也。民知尊長養老，而後乃能入孝悌。民入孝悌，出尊長養老，而後成教，成教而後國可安也。君子之所謂孝者，非家至而日見之也，合諸鄉射，教之鄉飲酒之禮，而孝悌之行立矣。」可見這一禮儀的意義。

〈鄉黨〉接著說：

鄉人儺，朝服而立於阼階。

這裡所說的「儺」，是那時候在臘月舉行的驅疫逐鬼的活動，用現在有的地方的方言講，就是「跳大神」。

要知道，對於那個時代來講，在當時百姓的生活中，沒有電影電視，也沒有臉書，就這一個「跳大神」的節目，它不僅具有「驅逐疫鬼」的實用功能，還是可以欣賞的「文藝節目」，是藝術的表達，也有娛樂的性質。除了日夜兼程奔赴人生理想之外，人們也需要偶爾停下腳步，欣賞風景。雖然自己只是一個看客，但孔子仍然換上盛裝，就在東

面的臺階觀看，如同西方的紳士換上禮服去歌劇院一樣。

還有不少的細節，例如：

問人於他邦，再拜而送之。

孔子託人送禮給他邦的朋友慰問，要兩次行禮為使者送行。這是孔子託人慰問他邦之人時對使者的禮節。《禮記·曲禮上》記：「凡以弓、劍、苞、苴、簞、笥問人者，操以受命，如使之容。」這也許是當時的禮節，但畢竟是相煩他人為自己做事情，這是人家對自己的恩德，於是孔子做得更加認真，體現了對他人勞動、辛苦的尊重。

見齊衰者，雖狎，必變。見冕者與瞽者，雖褻，必以貌。凶服者，式之。式負版者。有盛饌，必變色而作。迅雷風烈，必變。

這裡記述了孔子變色貌的幾種情況，也是日常生活之中待人接物的禮節。負版者：穿喪服之人。盛饌：豐厚的祭品。迅雷風烈：天上打疾雷，地上刮大風。《禮記·玉藻》曰：「若有疾風，迅雷，甚雨，則必變，雖夜必興，衣服、冠而坐。」

孔子看見穿喪服的人，即使平日來往密切的，也一定會變得嚴肅；看見穿著送葬衣服的人，乘去視力的樂人，即使很熟悉，也一定要表現得很有禮貌；看見戴禮帽和失車時要俯身伏在車前的橫木上；遇見豐盛的祭品陳列，也一定要改變神色站立起來；遇

到迅雷、大風之時，也一定變得嚴肅。

不難看出，在日常的生活細節中，孔子總是設身處地為他人考慮，考慮別人的感受，尊重他人的心境，把自己作為一個社會的存在。

五、生活的細節

歷來成大事者，必定是不忽略主要細節的人。身體是本錢，沒有身體的健康，一切都無從談起。〈鄉黨〉記孔子平生德行，說的是孔子還家教化於鄉黨之中。因此，孔子注意飲食養生，也記述了不少。例如：

食饐而，魚餒而肉敗，不食。色惡，不食。臭惡，不食。失飪，不食。不時，不食。割不正，不食。不得其醬，不食。

食物放的時間長了會有餿味，不吃。魚和肉放壞了，不吃。顏色不新鮮，不吃。氣味難聞，不吃。不到該食的季節的食物，不吃。刀切割得不正的肉，不吃。沒有合適的調料的肉，不吃。

肉雖多，不使勝食氣。

惟酒無量，不及亂。

沽酒市脯不食。

不撤薑食，不多食。

肉食雖多，吃的量不超過主食。只有酒不限量，但不喝過量。買來的酒和臘肉，不吃。常備薑食，但吃得不多。

祭於公，不宿肉。祭肉不出三日；出三日，不食之矣。

這是對祭肉用法的要求。大夫十有助祭之禮。孔子在對待祭肉上遵循著古禮。士大夫助祭於魯公，分得的胙肉不當到第二天。自己家裡的祭肉，不存放三天以上，超過三天就不吃了。

但是，這並不是說孔子是一位「格外講究吃喝」的人，如果這樣認為，那就是很大的誤解了。這是因為：

第一，以上這些都是生活的常識，是人人都應該遵循的生活原理，不這樣，你的健康都不能保證。例如，顏色不新鮮，能吃嗎？氣味難聞，能吃嗎？再如，在那個沒有冰箱的時代，祭肉一般是至少在祭祀之前一日已經準備好，如果再存放超過三天，就有可能變質腐敗，那還能吃嗎？

第二，孔子的那句名言，不能再繼續誤解了。那句名言就是⋯

食不厭精，膾不厭細。

對於這句話，學界一般理解為「糧食不嫌舂得精，魚和肉不嫌切得細」。但孔子向來不重視口腹之欲，認為人應該致力於道義的追求，而非衣食的享樂。

例如《論語‧學而》：「子曰：『君子食無求飽，居無求安，敏於事而慎於言，就有道而正焉，可謂好學也已。』」

《論語‧里仁》：「子曰：『士志於道，而恥惡衣惡食者，未足與議也。』」

《論語‧述而》：「子曰：『飯疏食飲水，曲肱而枕之，樂亦在其中矣。』」

《論語‧衛靈公》：「子曰：『君子謀道不謀食。』」

可見，這句話的關鍵是那個「厭」字。劉寶楠《正義》說：《周語》『不可厭也』；韋《注》：「厭，足也。」《晉語》「民志無厭」，韋《注》：「厭，極也。」夫子疏食飲水，樂在其中，又以士恥惡衣惡食為不足與議，故於食膾皆不厭精細也。程樹德《論語集釋》：劉氏《正義》之說，尤為圓足，故從之。

其實，這句話的意思是：吃飯不過分地追求精，食肉不過分地追求細。孔子是說人們不要僅僅著眼於生活，貪求食物的精細。

六、定格・被凝固的優雅

上車的鏡頭本來是動感的，但是卻在這裡定格。

升車，必正立，執綏。車中，不內顧，不疾言，不親指。

升車：上車、蹬車。執綏：抓住上車時的繩索。內顧：回頭看。疾言：快速地說話。親指：用手指指點。

上車的時候，先是端端正正地站好，然後拉著扶手帶上車。在車裡面，不回頭，不快言快語地說話，不用手指指點點。車輪滾滾向前，車中的孔子，如如不動，有著被凝固的優雅。反之，若是一個人在車內搖頭晃腦，東張西望，左顧右盼，指指點點，閒言碎語，人們所能感知到的，只能是無知與淺薄。

〈鄉黨〉記述說：

雖疏食、菜羹，瓜祭，必齊（齋）如也。

疏食：粗飯，是相對於糧食而言，因為古人以稗食為粗食。菜羹：以菜和米屑為羹，即有菜有汁之類的食物。瓜：北方常用之物，有生食和熟食兩種。雖然是飯前疏食、菜羹和瓜祭之類薄祭，也一定要與齋戒一樣嚴肅恭敬。

這是孔子飲食時的禮節。《禮記‧雜記》中記：「孔子曰：吾食於少施氏而飽，少施

氏食我以禮。吾祭，作而辭曰：『疏食不足祭也。』吾飧，作而辭曰：『疏食也，不敢

以傷吾子。』」可見，這種齋祭是孔子所注重的。

其實，孔子的溫文爾雅表現在方方面面。例如〈鄉黨〉又記述說：

席不正，不坐。

席的布置不合禮制，孔子不坐。孔子的優雅體現在他生活的點滴中。

七、深情‧不矯情

孔子的優雅，絲毫不意味著他的拘謹和拘泥。《論語》編者在編輯〈鄉黨〉的時候，

特意安排了以下一章，用意深刻：

寢不尸，居不容。

這裡記述孔子閒居時生活起居之形貌。所謂「尸」，是指扮作父祖形象並代父祖之

神受祭之人，引申為矜莊的樣子。

對於「寢不尸」，自古對該句的理解頗有爭議。「尸」，有的理解為死屍之屍，有的

理解為祭祀之尸，有的理解為臥為伏。所謂「居不容」，是指平時閒居家中時，故不必

如上朝或參加祭奠時之威儀肅穆，而應順乎自然，申申如也，夭夭如也。居，是指平時在家的時候。

孔子休息睡覺的時候，沒必要像祭祀那樣矜莊的樣子。平時居家時，沒必要美容打扮，或者像做客人時那樣恭敬莊重。

但是，在與他人的交往中，孔子卻是認真嚴謹的。

〈鄉黨〉還記述説：

朋友死，無所歸，曰：「於我殯。」

所：處所；歸：歸置；殯：停放屍體、靈柩，這裡是説為其舉行殯葬之禮。客死他鄉的朋友，沒有地方歸置。孔子説：「我來為他舉行殯葬之禮。」

這是孔子對待死無所歸的朋友的態度。《禮記·檀弓》曰：「賓客至，無所館，夫子曰：『生於我乎館，死於我乎殯。』」《孔子家語·曲禮子夏問》曰：「客至無所舍，而夫子曰：『生，於我乎館。』客死無所殯矣，夫子曰：『於我乎殯。』敢問禮與？仁者之心與？」孔子有一顆偉大的仁愛之心，他所 明的人，都是需要而且亟需 明的人。

〈鄉黨〉又記述説：

朋友之饋，雖車馬，非祭肉，不拜。

177

對待朋友饋贈禮物的不同態度。孔子把祭肉看得比車馬還重要，因為祭肉雖小，但關係到「孝」的問題。

分送祭肉的制度與古代的禮制有一定關係，西周春秋時祭宗廟的肉稱膰（又稱胙），祭社的肉稱脤。所謂「國之大事，在祀與戎。祀有執膰，戎有受脤」，一般只有在位的貴族才能參與祭祀，分享到祭肉。同姓貴族共祭共食，不同姓的貴族也互相饋贈祭肉，分享祭肉就成了維繫貴族統治者的一條紐帶。

朋友饋贈的物品，即使是車馬這樣貴重的禮品，只要不是祭肉，孔子接受的時候也不拜謝。很明顯，朋友之間的相互周濟是應該的，孔子對別人這樣，他認為別人對自己也是一樣，這是人之常情、朋友常規。

八、我是誰？怎樣做？

在〈鄉黨〉這篇，處處在講孔子的言談舉止、衣食住行，每一個場景都是一幅完整的畫面，還似一部部微電影，立體、動感，透過這一組組的鏡頭，我們好像是親臨他的音容笑貌，讓人難忘。

本篇的末章情景更加生動：

色斯舉矣，翔而後集。曰：「山梁雌雉，時哉時哉！」子路共之，三嗅而作。

〈鄉黨〉的末章，本身就是一幅至美的畫面。孔子與弟子子路走在山間，不遠處有幾隻野雞停留在那裡。那幾隻野雞看到來人，便很機警地飛起來，它們盤旋飛翔一陣，便在遠處飛落到了一起。孔子看到這一情景，感歎地說到：「山梁上的這些雌雉，得其時啊！得其時啊！」孔子認為，這些野雞能夠遠害避險，能夠看到自己所處的形勢。這時，子路悟出孔子所要表達的意思，也非常感慨，遂不無俏皮地向它們拱拱手。這批野雞見狀，便振振翅膀飛走了。

這幅美的畫面中有著至深的寓意，關於「時中」，孔子常常說到，他強調說：「君子而時中。」在孔子看來，「中」是最高的智慧，「中」就是合理，就是剛剛好。

我們再隨著那一組組鏡頭，想想孔子的表現，無論是回到老家還是在朝堂之上，無論是事上還是待下，無論是接待來訪的使者還是出訪，無論是穿衣還是吃飯，無論是恭謹還是放鬆……我們感覺他的所有表現就是「剛剛好」，就很是「中」。

何為「君子而時中」？人的表現到底是「中」還是「不中」，與時空有著緊密的聯繫。也就是講環境變化了，時代變化了，「中」的標準也同樣隨著變化。同一種言談，比如親昵嬉笑，與好朋友之間就「中」，對初次見面的人可能就「不中」；同一件棉襖，

冬天穿就很「中」，夏天穿就「不中」；也是這一件棉襖，在玉山上穿就「中」，在墾丁穿可能就「不中」。

魯哀公曾經問孔子一個問題：「先生，您穿的是儒服嗎？」

孔子說自己小時候住在魯，穿著寬大的衣服。長些年齡，居在宋，戴著殷商時期被稱為「章甫之冠」的黑布帽子。我不知道什麼是儒服，自己穿的是不是儒服，但我知道一名君子博學，為的是「以服其鄉」，衣著要入鄉隨俗。

入鄉隨俗就是「中」。入鄉隨俗，也意味著與時俱進。每個時代都有每個時代的要求，時代的發展是多方面要素的集合。比如，在如今的社會中，國際通用禮儀就是奉行握手禮。這就是在當下的環境，當下的時代最適合的社交禮儀。那麼，我們古代的鞠躬禮好不好呢？不能以好與不好來衡量。只能講在特殊的場合可以用。若是在日常交往之中，見了面就沖人深深鞠一躬，非但感知不到謙恭，讓人感到的只有突兀，不自在，就「不中」。所以，「中不離時，時不離中」。積極融入環境，在新時代發揮價值，就是「君子」，就符合「時中」之道。

融入環境，適應環境，意味著要知道環境的變化，要知「時」，知進知退，審時度勢。知「時」，才有機會實現「中」，才可發揮「中」，才是真正的「中」。

野雞尚且如此，何以人而不如野雞？

說到這裡，我們可以產生許多聯想。例如，我們知道自己是誰？將要走向哪裡？自己的腳步走得穩健嗎？我們讀大學，四年以後要畢業；讀碩士，三年以後要畢業，有的科系畢業以後卻不好找工作。可是，現在的一般情況是，哪個公司都不缺「人」，但也許哪個公司都缺「人才」。

由此，孔子說的那句話就很重要了：

不患無位，患所以立。不患莫已知，求為可知也。（《論語‧里仁》）

你不要擔心「有沒有你的職位」，你首先應該自問的是「自己能做好什麼」。無論是讀大學，還是念碩士，幾年以後要畢業，你一定該很清楚，那麼，你現在做什麼就應該很明白了。對你來說，現在的「時」是學生，現在的「時」是過幾年以後要畢業，現在你瞭解的「時」是找工作不容易，那麼，你該怎麼辦就該很清楚了。所以，一個人不能不清楚自己所處之「時」，君子要「因時行止」。

其實，對誰都一樣。你知道你是誰嗎？你知道你將走向哪裡嗎？

如果你有興趣瞭解「易道」，你就首先應該瞭解到《周易》「卦以藏時」，它給我們的啟發就在這裡。

《淮南子・人間訓》也說：古者，五帝貴德，三王用義，五霸任力。今取帝王之道，而施之五霸之世，是由乘驥逐人於榛薄（叢雜的草木），而蓑笠盤旋也。今霜降而樹穀，冰泮而求獲，欲其食則難矣。

五帝、三王、五霸，時代已經不一樣，行事時必須注意到這一點。瞭解「時」，才能把握自己的人生，採取相應的管理策略。如果瞭解「時」的話，你就應該努力做到「時變」，因為你必須知道的道理是：

因日以動，因夜以息，惟有道者能行之。（《淮南子・人間訓》）

只有境界高的人才懂得並能把握自己的陰陽消息。那麼，我們懂得自己的「消息」嗎？孔子告誡人們：

君子進德修業，欲及時也，故無咎。（《易・乾・文言》）

一個有修養的君子，要懂得「進德修業」。「進德」就是提高德性，「修業」就是提高才幹。一個人只是好人卻沒有本事不行，光有本事不是好人同樣不行。為什麼要「進德修業」？「欲及時也」。「欲」是打算，「及」就是趕上，「時」就是機會。機會總是給有充分準備的人留著。一個人「進德修業」，不忘要提高德性，增長才幹，這樣，才能把握屬於你的機會。這就是一個人的「時」，把握好了，就是做到了「時中」。

〈鄉黨〉這一章也是《論語》上半部的最後一章，與《論語》的首篇首章「學而時習之」遙相呼應。知行合一是至高的追求，只有做到知行合一，知時處中，方可實現至廣大而又盡精微。但是，唯有盛德昌隆的人，才可於身心化為一體，自然而然，實在是需要學習與修養。

最後，再一次回首〈鄉黨〉全篇，看到的是彬彬有禮，處處在表達「中」，最後又專門講到「時」。由此而知，至高哲學就在生活中，生活本就是至高哲學的表達。宗廟朝堂，宗族鄉里，衣、食、住、行均不離此。堅守價值，追求卓越，一絲不苟。在擴大和發展自然意願和本能中，在保持對他人的有禮和尊重中，尋找到的美好生活是喜悅的，是靜定，也是恆久。

183

第十一章　仰望與追隨

第十一章　仰望與追隨

與孔子思想的內在邏輯相互一致，《論語》首篇圍繞做人這一中心而展開，主要談論由孝而忠等修身做人的問題。以下各篇，分別談為政以德（實行德政、教化）守禮明禮（禮治的價值、意義）、擇仁處仁（修德、修身）、評論古今人士、議論賢人君子及仁知中庸之德等，層層剝離。

到〈子張〉這一篇，已經是《論語》的第十九篇。《論語》共二十篇，到此已經接近尾聲。在本篇中，多見「子張曰」、「子夏曰」、「子游曰」、「曾子曰」，還有「子貢曰」，獨獨沒有「孔子曰」。看似不同的人在「曰」，看似不同人在發出聲音，究其實質，發出的實在是相同的腔調。腔調的源泉來自於「聞諸夫子」，都是「從我的老師孔子那裡聽來」，實在是靜深有本。

按照《論語》的邏輯，整部《論語》的編排在尾聲處有這樣的安排，就非常地巧妙了。它的本質在講火種的傳續，主旋律就是「仰望與追隨」。何為「火種的傳續」？無非道的傳承。在孔子之前，有許多先賢聖哲，他們點燃了盞盞明燈；在孔子之後，他的弟子們，是火種的傳續。過去、現在、未來是一條線，先生、後學是一條線，老師、學生已經融成一個完整的生命。

他們仰望孔子，是在仰望由孔子所代表的天地之道。

子曰：「天何言哉！四時行焉，百物生焉，天何言哉？」（《論語·陽貨》）

天地不言，日月西去，春水東流，它們從來都不說話，但是「利萬物而不爭」。人的生命當是要受其感召，奮發有為。

子曰：「出則事公卿，入則事父兄，喪事不敢不勉，不為酒困，何有於我哉？」（《論語·子罕》）

他們追隨孔子，本質是在追隨人心正理。人心正理，不離朝堂之上，事公卿要盡心盡力；不離鄉里之間，對父兄要盡孝盡敬；喪事不敢不盡禮；不為酒所困，就真的沒有什麼可擔心之處。

所以，學習的目的是為了融入，不是為了背離。孔子一生弟子三千，賢人七十二，

悟道超凡者，莫知其數，不勝數。這些弟子們是如地有種，就像種子，含藏長養，成熟其實，一相一行，都是如此。佛家的語言為「定證妙果」，也可以稱之為桃李芬芳。

一、孔子的腔調

就在這一章，無論是誰在「曰」，仔細聽都是孔子的腔調。是不是如此呢？翻開這一篇，首先就是子張曰。

子張曰：「士見危致命，見得思義，祭思敬，喪思哀，其可已矣。」

何為見致命？見到危險可以全力以赴。在孔子心中，他不欣賞一個人做無謂的犧牲。如果有人赤手空拳和老虎打一架，有人可以徒步涉水，渡過湍急的河流，孔子說我不和這樣的人同行。為何要赤手空拳和老虎打一架呢？一個人赤手空拳和老虎打一架勝算的把握大不大，多不多呢？除非是武松。

孔子不主張人們做無謂的犧牲，但是，如果是關鍵時期，是危險時刻，需要有人擔當，孔子欣賞可以有人站出來，勇於擔當。他欣賞公冶長，他認為公冶長雖然在牢獄之中，但不是他的罪過，把自己的女兒嫁給公冶長。

致命，就是以命相託，全力以赴。

在孔子看來：

志士仁人，無求生以害仁，有殺身以成仁。（《論語·衛靈公》）此言可與「見危致命」互為作注。

子張說「見得思義」。儒家不是不談利，是不奢談利，凡談利的時候就要放一個校正器在前面，這個校正器就是「義」，即為「見得思義」。

孔子怎樣講？

子曰：「富與貴，是人之所欲也，不以其道得之，不處也。」（《論語·里仁》）此言可與「見得思義」互為作注。

子張還說「祭思敬」，孔子說「祭神如神在」。「祭神如神在」，即是最高的誠敬。孔子認為，即便是「喪思哀」，也要適可而止。為何要適可而止？根據《孔子家語》的記載，子路的姐姐去世，喪期已經過去很長時間，可是子路還是不肯將喪服除去。孔子就問他為何這般？子路說自己兄弟姐妹非常少，源於傷心、不忍心。孔子講，世上的人多有不忍心。為什麼要制定喪禮？就是要有所節制。就是因為有人不忍心，才要有所節制。不能因為傷痛，不能因為去世的人而防礙了在世之人正常的生活。

想一想，親人離世，哀傷，不忍心，確是人之常情。但不能因為去世的人，妨礙了在世之人的正常生活，這更是人心與人性。

無論是正還是反，總之，是中正平和。

認真聆聽，子張講了四句話，句句都是孔子的腔調。雖然只有短短的四句話，卻涵蓋了天地和生死。面對得與失，面對生與死，應該持有怎樣的態度，這是對一個人人格與情操的考量。

在天地生死間，應該持有態度可以稱之為美德，稱之為道。執守奉持，篤行誠意，弘揚光大，廣度有情，流布將來，即為執守美德，即為信守大道。但是，若是反此，美德在卻不弘揚，自認為通道卻不認真篤行，口中終日說德話道，身心並不執修此行。對於此一輩人，實在是沒有什麼好談論的。

子張曰：「執德不弘，通道不篤，焉能為有？焉能為亡？」

當然，這些人更沒有資格來評論道德的有與無、對與錯、重與輕。實在是「焉能為有？焉能為無？」，不可與語。

二、執守、追隨大道，需要好學

要做到執揚美德，信守大道，需要知行合一。孔子的弟子宰予非常聰明，是孔門十哲之一，言語科的代表。可是他「晝寢」，大白天睡覺，孔子非常生氣，説他是「朽木不可雕也，糞土之牆不可杇也」。這宰予大白天睡覺，還能學到孔門十哲，成為言語科的代表，看來，他的天分真是非常好。

可是，孔子並不欣賞。孔子欣賞的是：

驥不稱其力，稱其德也。（《論語·憲問》）

孔子更欣賞一個人後天的努力。對於宰予，孔子説一開始自己聽到一個人説什麼就信他什麼，是「聽其言而信其行」。自從有了宰予，就知道應該「聽其言而觀其行」。不僅要聽他説什麼，更重要的要看他做什麼。

要做到知行合一，需要好學。關於好學，講求態度，明達內容，還需要具體的方法，這一切是什麼？

子夏曰：「日知其所亡，月無忘其所能，可謂好學也已矣。」

日知其所亡，就是時刻提醒自己，我知道我不知道什麼。因為知道有不知道的內

容，學習就有了空間。

月無忘其所能，還要時刻警醒自己，我知道我學習的內容需要溫習和鞏固。因為溫習和鞏固，才有沉澱和積累。

子夏認為做到這兩點就是好學了。這的確是學習之路徑，修己之門徑。顧炎武著有《日知錄》，就取名於此。後有企業提出「日清日高、日事日畢」的管理理念，大約是淵源於此。

有人將學習分成五個階段：

第一階段，我不知道我不知道什麼。無知和懵懂。

第二階段，我知道我不知道什麼。意味著學習有了空間，因為知道自己不知道，所以要學習。

第三階段，我知道我知道。因為知道自己知道，意味著要做好，為什麼？因為自己知道啊！知道，當然需要做好。

第四階段，我不知道我知道。怎麼還會有自己不知道自己知道？有些打字高手，把手放在鍵盤之上，字就出來，若是問他按了什麼字母，打出了字，他不知道。鋼琴高手亦如此。熟能生巧，習慣成自然的時候，就會成為「我不知道我知道」。

第五階段，就是我知道我不知道，知道我知道。意味著一個人開始有全面的自我反省。自知和自省是一個人非常重要的能力。

子夏談完好學的態度，即為「自知自省」，即為「日積月累」，接著將話題轉到好學的內容與具體方法。

子夏曰：「博學而篤志，切問而近思，仁在其中矣。」

切問：問自己還未領悟之事。近思：切近實際地思考問題。

所好學的內容是學「道」，好學的內容是「行仁」。實現於此，就需要自己在「大與小」、「遠與近」、「心與行」、「問與思」之間馳騁與落地。博學，但始終不偏離中心，即為「篤志」，若「一志」，而非三心二意。切問，同時內心進行深入思考，如此才會有得，才會真正解決問題。如此這般盡心盡力，仁就在其中了。反之，蘇氏曰「博學而志不篤，則大而無成；泛問遠思，則勞而無功」，當是要警醒之。

如何博學而篤志，切問而近思？

子夏曰：「百工居肆以成其事，君子學以致其道。」

百工：指各種工匠，泛指各行各業。肆：古代工匠勞動的地方，代指工作職位。

致：達到。

上章言「博學而篤志，切問而近思」，本章即是最佳的論據。百工，各行各業的人都需要在日日居其常業之處，在天天工作的職位建功、立業。君子需要日日居於學道、行道的路上，信念堅定，博學篤志，實現理想與追求。學道、行道之路在哪裡？還是要落腳到各行各業。無論是君子，還是百工，職位即是道場，都需要立足本職，爭創一流業績。如此這般，君子與百工，人人都可以出彩。

需要注意的是，無論是君子，還是百工，一定是立足本職職位，做好分內的工作，才能建功立業。

可是，有些事情不學也能做，有些器物不學也能用，還學習做什麼呢？對於學習，子路還曾經心存疑問。他說：南山上的竹子，不用規矩矯正，長大了自然直。這樣的竹子，非常鋒利，直接可以刺穿犀牛皮。比如一名廚師，不用學習，也會切馬鈴薯。再如一名清潔工，不用學習，也可以打掃。那麼，還需要學習嗎？

孔子回答子路，說：還是這根竹子，若是在箭栝處安上羽毛，將箭頭磨得極其鋒利，刺犀牛之時豈不更穩、更準、更深？

看似有些器物不學也能用，有些事情不學也能做，學習的功效恰恰在於明確方向，更有效率、更加堅定。切馬鈴薯看似不用學習，可是經過學習會切得更均勻，一名廚師

經過學習才可以成長；打掃看似不用學習，可是經過學習，各項標準可以更加符合要求。據說，迪士尼樂園的清潔工要培訓一個月方可就職，因為他們的目標是把清潔工培訓成明星。

所以，對於一名有理想、有追求的君子來講，學習才是真正的源頭活水。很多事情，在現有的能力水準內也能做，然若是追求更有效率、更有特質，就一定離不開學習。學習不僅代表著從書本上學，還意味著向品德好、業務好的領導同事學，向老師同學學，不僅是學習業務知識，還要學習為人的分寸。最終，透過學習提升的是一個人的視野、心胸和格局。最終落腳於學道，行道，以成道。

三、本與末

在仰望、追隨的過程中，何為根本？人們在思考，在討論。

子游曰：「子夏之門人小子，當灑掃、應對、進退，則可矣，抑末也。本之則無，如之何？」子夏聞之，曰：「噫！言游過矣！君子之道，孰先傳焉，孰後倦焉？譬諸草木，區以別矣。君子之道，焉可誣也？有始有卒者，其惟聖人乎！」

在子游看來，子夏的學生，做一些打掃、接待的工作還可以，可是這些只是末節，

若討論先王之道，就不行了。

子夏聽說後，說：「咳！言游（子游姓言）說錯了，對於先王之道，哪些先傳授呢，哪些後傳授呢？這好比花草樹木一樣，應該區別對待。怎麼可以隨便歪曲先王之道呢，能有始有終把先王之道傳授給學生的，那只能是聖人吧！」

子游認為，子夏教他的弟子的可能都是一些細節，就好像是一些灑掃、應對、進退的事情，不是根本所在。在子游看來，這是「末」，是「小道」。是呀，如果天天做些打掃、接待、應對的小事情，豈不就是「末」？

子夏不同意子游的看法。子夏認為，有時候，追隨大道，尋求個人的成長，須從腳下開始，從具體的行為、細節開始，不能好高騖遠。

如果只是著眼於灑掃、應對、進退之節，當然不可以。古代教育，在八歲開始的小學階段，就是學習灑掃、應對、進退之節，學習禮、樂、射、御、書、數之文。從十五歲左右的時候開始，貴族子弟、民之俊秀，進入大學，教之以窮理、正心、修己、治人之道。這被稱為「大、小之節所以分」的事情。

看來，他們各有道理。「末」離不開「本」，「本」抽繹出來「末」。沒有無「本」之「末」，「末」也連接著「本」。關鍵是處理好二者的關係，認清先後，抓住根本！

子夏認為，對於先王之道，先傳授哪些，後傳授哪些，要根據具體情況區別對待。

這好比問是南方的水土好，還是北方的水土好。關鍵要看栽什麼花，種什麼樹。若是桔樹，當然是種南國比較好。若是種在了北國，會結出又酸又澀的果子。

看來，傳道應從淺到深，循序漸進。從「小節」入手，並非忽略「大道」；重「大道」，也未嘗不注重「小節」。「小節」支撐「大道」，由「本」及「末」，當能與「小德」，都是相對而言。「本」與「末」，「大道」與「小節」，「大德」

游刃而有餘，方是傳學之道。

四、大孝

在本篇，曾子談到一個話題，他首先聲明，他所講的評論是「吾聞諸夫子」，是聽自己老師所言。

曾子曰：「吾聞諸夫子：孟莊子之孝也，其它可能也；其不改父之臣與父之政，是難能也。」

曾子說自己聽老師說過：孟莊子的孝，其它的都容易做到，而留用他父親的家臣，不改變他父親的施政綱領，這是別人難以做到的。

孟莊子很孝，最大的可貴之處在於「其不改父之臣與父之政」。為何這一點可貴，並且難以實現？這個話題關乎真正孝，關乎大孝。

子曰：「夫孝者，善繼人之志，善述人之事者也……踐其位，行其禮，奏其樂，敬其所尊，愛其所親，事死如事生，事亡如事存，孝之至也。」（《中庸》）真正的孝在於生生不息，在於使事業得到繼承、傳續。對於「父之道」的理解與掌握，當是父之臣最為綜合與全面，這是一種多年相處的磨礪，用是臣，守此政。

俗話說「一朝天子一朝臣」。新的接班人當位，多是要顯示「我」的力量，「我」在當家作主，當務之急莫過於班子的組閣，希望創新，談之以「傳」與「繼」的話題。不是講創新不好，而是「溫故而知新」，在傳承的基礎上創新，繼往開來，濟古維來方是正道。只有真正的傳承，才會有真正的創新與發展。否則，多會以創新、發展的名義，做了些索隱行怪、沽名釣譽的事情，並無實效可言。

如此看，要做到「不改父之道，不變父之政」，真正需要的是後來者要將那個「我」放在一邊，將「小我」丟棄，「大我」才會現身，而做到這點是很難的。但越是難，才越顯可貴。

五、孔子師承何方？

衛公孫朝（衛國大夫）向子貢談起一個話題，孔子師承何方？孔子是很多人的老師，不知這老師的老師是何方高人？子貢的回答沒有落腳於孔子師承於何人，而是奔著核心，奔著「文武之道」來講述。

子貢曰：「文武之道，未墜於地，在人。賢者識其大者，不賢者識其小者。莫不有文武之道焉。夫子焉不學？而亦何常師之有？」

周文王、周武王已經不在了，但是「文武之政」卻「布在方策」，木牘上、竹簡上寫得清清楚楚。魯國作為周公的封地，執著地、完備地守有宗周傳統。文武之道亦散在民間，散在日常倫理中。對於這一切，賢達之人可以抓住根本，不賢之人也能瞭解末節。

總之，生活處處皆學問，生活就是最好的老師，無處不是天地之理，無處不是文武之道，孔子無處不學習。

孔子「入太廟，每事問」；他「信而好古，敏而好學」；他「多聞，擇其善者而從之」；他問禮於老子；問官制於郯子；向師襄學琴；向萇弘學樂。他還駐足觀東流之水，談論土的美德，向天地自然學習……正因為如此好學，「學無常師」，才成就了孔子

的博學多聞，孔子才能集大成。

六、關鍵是得其門而入

叔孫武叔在朝堂之上奉承子貢，闊談「子貢賢於仲尼」。子服景伯將這話傳給了子貢。子貢沒有沾沾自喜，反而作了個比喻：

譬之宮牆，賜之牆也及肩，窺見室家之好。夫子之牆數仞，不得其門而入，不見宗廟之美，百官之富。得其門者或寡矣。夫子之云，不亦宜乎！

子貢說，自己與老師相比，差別很大。他認為，就好比是房屋的圍牆，我子貢的只有肩膀那麼高，別人站在牆外很容易看見家裡的東西。但我老師孔子的牆卻有幾個人那麼高，找不到進去的大門，就看不見「宗廟之美，百官之富」。

值得注意的是，子貢認為能找到大門而進去的人或許很少吧。正是因為找到大門的人少，看到真相的人少，那麼，叔孫武叔這樣說，不也很自然嗎？在情理之中。就像子貢所說：得其門者或寡矣。

這句話很重要，走近孔子，走近聖王之道，還是要找到關鍵處！

關於宗廟之美，就如同在景山之上，俯瞰紫禁城，巍峨殿宇，黃瓦飛簷，連綿成

片，見其整體之美、壯觀之美、渾厚之美。

關於百官之富，有人認為這裡的「官」應指房舍，其後才引申為官職之義。實際上，這裡的「百官」應指各種各樣的房屋。在先秦典籍中，「百官」指眾官吏，也十分常見。「百官之富」是指做官為了求得財富嗎？但是，孔子說「君子謀道不謀食」，同樣是富，這裡的「百官之富」恐怕更是指生命的富有，履行職責的美好。有了這樣的認知，由百官至百工，就不僅僅是一份工作、一份差事、一份謀生的工具，而是一種生命。自己的生命可以與之交融、互參，進而得到昇華，融入到一個更加廣闊、久遠的時空隧道，於是就有了永恆。

唯有珍貴之品，才可成就永恆之美。這份永恆，這份生命的質感，這份壯觀，就是「宗廟之美、百官之富」了。子貢的話實在是富有蘊含，引人深思。

叔孫武叔的人品還真是不行。上一章，他只是講一講「子貢賢於仲尼」，接著的一章中，叔孫武叔乾脆就明確「毀仲尼」，就是詆毀孔子。

叔孫武叔毀仲尼。子貢曰：「無以為也！仲尼不可毀也。他人之賢者，丘陵也，猶可逾也；仲尼，日月也，無得而逾焉。人雖欲自絕，其何傷於日月乎？多見其不知量也。」

這回，還是子貢站了出來，他說：「這樣做（詆毀夫子）沒有用，仲尼怎是可以詆毀

得了的。別人的賢能如同丘陵，這樣的高度還可能逾越過去。而仲尼就像天上的日月，怎麼可能逾越呢？雖然有的人以謗毀來自絕於孔子，可是怎麼可能傷得到日月呢？充其量是自不量力。」

事實也是如此，這應了那句古話「真金不怕火煉」。正如泰戈爾所言：「真理引起了反對它自己的狂風暴雨，那場風雨吹散了真正廣播的種子。」是昨夜的風雨給今日的清晨灑滿了金色的光芒。或者，我們距離孔子就是那一尺陽光的距離，無論如何，都是在陽光的沐浴下生發長養。

叔孫武叔直接詆毀孔子，陳子禽也認為仲尼不如子貢。子貢怎麼看呢？子貢認為孔子如同日月，還如同上天，只能仰望。即便用盡世間所有的梯子接起來也不能夠登上天。其實，子貢善用比喻，正是因為夫子之道至高至大、至寬厚、至深刻，實在是不可企及，才做出這樣的比喻。

在《論語》這一篇中，特意進行這樣的比較——那時人以孔子與子貢比較——又讓子貢出來說話，可謂用心良苦！直到今天，人們在評價孔子的意義、傳統文化的價值時，不都是以「利」或者「經濟標準」進行評判嗎？在很多人那裡，如果不是子貢這樣一位「成功人士」出面現身說法，哪裡會有什麼說服力呢？

孔子生於周代衰敗的時期，先王典籍已經錯亂無序，於是，孔子就論述歷史遺留下來的記載，考辨訂正其中的義理。他遵循並效法堯、舜、禹、湯、文王、武王、周公等古聖先王，刪訂《詩》，編述《書》，確定《禮》，整理《樂》，寫作《春秋》，闡明《易》道，對後世垂訓示教，以此為準則。他所教誨過的學生，弟子三千，賢人七十二，如同種子散布四方，若遇時雨，悉皆萌發，此生足榮。

直到夫子去世，孔門弟子們還在討論學習孔子的教誨。人雖去也，思想還在，代代相傳。司馬遷說：

詩有之：「高山仰止，景行行止。」雖不能至，然心嚮往之。余讀孔氏書，想見其為人。適魯，觀仲尼朝堂車服禮器，諸生以時習禮其家，余祇回留之不能去云。天下君王至於賢人眾矣，當時則榮，沒則已焉。孔子布衣，傳十餘世，學者宗之。自天子王侯，中國言六藝者折中於夫子，可謂至聖矣！

隨著歲月的流逝，司馬遷的話更有意義。孔子曾經困厄，但抖一抖身上的浮塵，又是非凡氣象。所謂塵埃落處，再起天香。

子貢講：「如之何其可及也？」不可企及，還要追隨！這個極為重要。知不可及，高山仰止，不是要望而卻步，而是要敬畏，還要有一腔「溫情」，孔子來到這個世界，

就是為溫暖世道人心。我們在想，為什麼有人說「天不生仲尼，萬古長如夜」？

千里之行，始於足下。由仰望，而追隨，仰望天地之道，追隨人心正理……

第十二章　深沉的精神追求

第十二章　深沉的精神追求

《論語》的第二十篇〈堯曰〉，是《論語》的最後一篇。該篇講述來自上古時期的文化傳承與文明光照，追尋堯、舜等「明王」的囑咐與叮嚀。孔子自言「述而不作」，他所「述」的「堯舜之道」、「文武之法」盡在本章。

仲尼自言「信而好古」，他所好、所信之「古」盡在本章。這是古代的王道精神，是由堯、舜、禹、湯、周文王、周武王、周公代代相傳、發揚光大而來。這是中華文明一脈相承的道統，是中華民族最深沉的精神追求。

這樣看，《論語》不是一個完整的生命體嗎？《論語》首篇和末篇遙相呼應，通篇都是希望人們在呼吸吐納之間靜靜雌守，那是生命的氣韻。

是不是如此呢？《論語》的開篇：「子曰：『學而時習之，不亦説乎……』」孔子説

如果畢生之「學」為這個時代所接受，自己將從內心洋溢喜悅。孔子畢生的「學」是什麼？他的「學」與「堯曰」一致，或者就是「堯曰」，他是學習堯、舜、禹、湯、文、武、周公等先賢明王，學習他們的王道精神。他希望這個時代接受什麼？希望這個時代接受王道，他畢生所追求的就是「王道行天下」。這自然也是他本人畢生深沉的精神追求。

《論語》第十九章〈子張〉的主旨為「仰望與追隨」。人們仰望孔子，仰望孔子思想所承載的天地之道；追隨孔子，追隨人心正理。我們的先哲仰觀天文，俯察地理。看到日月西去，春水東流，看到一年又一年寒來暑往，思考人在天地間應該有怎樣的生活方式，應該有怎樣的生命完成，有什麼樣的責任與擔當。

對此，孔子弟子曾參說：

士不可以不弘毅，任重而道遠。仁以為己任，不亦重乎，死而後已，不亦遠乎。

〈《論語·泰伯》〉

為何要將「仁」作為自己的使命與擔當？為此而不怕山高路遠，不怕顛沛流離。

因為天地有好生之德，春作、夏長、秋斂、冬藏，就有了萬物的生發長養。天地是人的榜樣，人行走在天地間，理應效法天地之道。

對此，老子曰：

人法地地，法天天，法道道，法自然。（《道德經》第二十五章）

傳統上，人們將這一句斷句為「人法地，地法天，天法道，道法自然」，這樣斷句於意難通。我們認為，大概「地地」、「天天」、「道道」等與《論語》之「君」、「臣臣」的用法一樣，「君君」、「臣臣」意思分別是「君之為君」、「臣之為臣」，因此，「人法地，地法天，天法道，道法自然」，意思是人應該像「地之為地」、「天之為天」、「道之為道」那樣，這便是人應該效法天道、地道，像天那樣剛健有為，像地那樣寬厚博大，像道那樣「微妙玄通，深不可識」（《道德經》第十五章）。

道，很難說清楚。但是，在《道德經》的末章末節，老子還是明確地指出：天之道，利而不害。聖人之道，為而不爭。（《道德經》第八十一章）人和天地自然融為一體，那麼，有好生之德，利而不害，理應成為人的本分，真正的仁者理應愛人。

透過老子、孔子等先哲的言行，可以看出，他們是在引導我們品思悠久文明所承載的道和理，去品思中華民族最深沉的精神追求。

一、深沉的精神追求：王道行天下

孔子最深沉的精神追求就是「大同」理想，就是王道行天下，這是堯、舜等聖王已經為中華民族開闢的康莊大道。

試想，如果孔子生活的年代是我們民族文明的初創時期，那麼，孔子學說的「價值」或「超越意義」會打上很多折扣。事實是，在孔子之前，中華民族已經有了幾千年文明歷程，有著豐厚的文化積澱，有著自身的精神追求與嚮往。

本篇開始便是堯對於舜的告誡。堯曰：

咨！爾舜！天之曆數在爾躬，允執其中。四海困窮，天祿永終。

咨：語氣辭。多有誠心、動情之意。爾舜：舜啊，「你舜」之意。天之曆數：日月星辰運行之法，即為天命使然。在爾躬：在你身上。

堯對舜講：「舜啊，按照天命，現在天下的權力要交到你的手中了。」此處有個問題非常重要，為什麼堯對舜要講到天命的話題？他是講權力的合法性問題。

為什麼權力會交到你的手中？源於天命。如果從字面上來理解，好像天命是源於天意。那麼，天意源於何處呢？真的是上天的旨意嗎？事實上，當人們在生活中遇到了切

實困難，渴望得到老天幫助的時候，是叫天天不應、叫地地不答。

據說，當雅典神殿裡的神像被搗毀的時候，那時的人們突然崩潰，猛然意識到原來在很多時候，神連自己都保護不了，如何來保護人？所以，自助者天助。盡職盡責就是順天意、順天道。天命，不在外，在內。天意，不在老天，在民心。所以，堯才對舜有這樣的告誡和叮嚀，他說「四海困窮，天祿永終」。

在我們的文化中，這樣的字眼非常常見。比如「四海」，四海之內皆兄弟。比如「萬方」，到處都是。還有「天下」，普天之下。它們都指同樣的概念。如果天下的百姓生活得不好，那麼你的天命也要就此止息。違背天意，自然要受到天譴。

如何讓百姓滿意？堯對舜談了四個字「允執其中」。誠誠懇懇地去執行一個字，那就是「中」。「中」是什麼？縱然歷史上有夏、商、周、秦、漢、魏、晉、唐、宋、元、明、清等眾多的朝代，但這就好像是這個國度的「小名」或者「乳名」一般，換了許多，但大名從未更動，即為「中國」。

這個「中」來歷很久，傳承也很久。孔子繼承後，孔子思想的精髓也就在他的「中庸」思想中，他的中庸學說，就來自堯、舜、禹、湯、文、武、周公。

據「清華簡」〈保訓〉記載，周文王臨終的時候特別告訴他兒子要做到「中」。他認

為，只有深入社會，瞭解社會，瞭解「民」（就是「清華簡」中所說的「庶萬姓」），才能夠做到處事以「中」。知道了「中」，就要盡力做到「中」，才能更好地處理矛盾，解決問題。

周武王臨終時，同樣希望自己的繼承人周成王做到「中」。所以，武王希望周公輔佐成王，武王對周公説：「先後小子，勤在維政之失」、「克中無苗，以保小子於位」、「克中無苗」，就是做到適中無邪，就是做到「中」，以保他在位。武王接著説：「維中是以，以長小子於位，實維永寧。」不但要「保」其在位，而且「長」其於位，使他在王位上要盡快成長。怎麼成長？要「維中是以」，就是維中是用。

無論是周武王還是周成王，小時候，他們的父親反覆強調要他們做到「中」。「中」如此這般地重要，那麼究竟什麼是中？怎麼才能做到中？這就是認識的問題了。

《逸周書‧武順解》有這樣的論述，先説，「天道尚左，日月西移」，天上日月星辰都是自東向西；繼而説，「地道尚右，水道東流」，從大趨勢講，都是「一江春水向東流」；後面説，「人道尚中，耳目役心」，人在天地之間，人道與天道、地道並稱為「三才之道」。

那麼，人道何以需要「耳目役心」？「耳目役心」什麼意思？實際上是「耳目役於

心」，就是我們都要有心，都要「用心」，要把聽到的、看到的東西去用心過濾，不能看到什麼就是什麼，不要聽到什麼就是什麼，要用心去分析得來的資訊，認真去判斷，這樣才能把握問題的本質。

值得注意的是，在該篇的下面，還說「人道曰禮」。禮，自然就是事物的道理，正如《禮記》中說的「禮，理也」、「理萬物者也」。把握「人道」，就應該瞭解事物的本質，瞭解社會和人生的發展規律。不然，要做到中，也只是空想。

西周時期有一個職官叫「師氏」。該職官的職責是「掌國中、失之事，以教國子弟。凡國之貴遊子弟學焉」。他負責專門記錄國家發生的一些事情，記錄下來之後評論。這些評論就像我們在一些史籍中看到的「君子曰」那樣，用來教育國中的子弟。鄭玄注說：「教之者，使識舊事也。中，中禮者也；失，失禮者也。」合理與否，就看是否符合中道，這是儒家的「中」。

這裡說的是「以禮制中」，所以，「夫禮，所以制中也」。由此，我們瞭解了「中庸」。什麼是「中庸」呢？以前，我們一提到「中庸」，往往理解它為「調和」、「沒有原則」。顯然不是這樣的。

關於「中庸」，歷代雖然有解釋，但東漢時期的經學家鄭玄解釋得很好，他說：《中

211

庸》這本書之所以叫作「中庸」，「以其記中和之為用也」，他認為：「庸，用也。」他說得很明白，「中庸」就是「用中」，「用中」就是「把握中道」。

我們做事、管理的時候，追求達到和諧的狀態。努力達到和諧狀態就是「致中和」，只有達到中和狀態才是「天地位」，只有「天地位」，才能「萬物育」。「天地位」就是和諧，「萬物育」就是發展，只有和諧穩定才能發展。

有這麼一個故事，據說有一個人走鋼絲非常厲害。在懸崖峭壁之間，他行走於鋼絲之上穿梭如雲。有人向他請教如何能夠走得如此妙？他說就走在中間。可是他這樣的講法別人能夠學會嗎？學不會啊。別人希望他能夠講得再仔細一些，如何走在中間？他說當他覺知到向左偏的時候，就向右調整。當他覺知到向右偏的時候，就向左調整。所以，他行進的路線是「左左右右，右右左左」。如此看，「前途是光明的，道路是曲折的」，身處這個區間之內極的確是如此。「中」，不是一個固定的點。「中」，是一個區間。

為重要，要做到此，需要保持覺知，對「偏」保持覺知。當覺知到偏的時候，不停地校正。所以，「中」也是一個不停糾偏的過程。

當然，「中」的智慧是如此，又不僅僅是如此，還有很多，需要用心品悟。

所謂的「允執其中」，奉行中道乃王道政治的大經大綱。堯將此大經大綱傳授於

舜，舜亦將此傳授於禹。以後，被後來的聖王所繼承而發揚光大。

本章有個很重要的細節，即履行天命將得到上天的福佑，違背天意將受到天譴。這

般看，國家之存亡禍福是應該信由天命，還是源於人為？

魯哀公就這問題請教過孔子，《孔子家語·五儀解》記，哀公認為國家的存亡禍福，

信有天命，人無能為力。孔子不這樣看，他認為存亡禍福都源於自身，天災地妖等反時

反常的現象並不能改變國家的命運。

孔子舉了兩個例子：

其一，從前商紂王統治時期，有隻小鳥在城牆角生了一隻大鳥。占卜之後，有人

講，凡是以小生大，那國家一定會稱王於天下，聲名一定會顯赫。於是紂王憑藉卜辭中

小鳥會帶來福祉的預言而不理朝政，殘暴無比。朝臣不能阻止他，外敵前來攻伐，殷朝

因此而滅亡。自己無道，做得不好，使上天的福祉變為災禍。

其二，殷王太戊統治時代，道統缺廢，法紀毀壞，以致出現反常的樹木生長現象。

桑榖（一種落葉喬木）在朝堂上長出，七天就有兩手合攏那麼粗了。占卜的人認為桑榖

是野生的樹木，不應生長在朝堂，恐怕是國家要滅亡了吧！太戊異常懼怕，誠惶誠恐地

修德，思慮先王的政道，昭明教化百姓的舉措。三年後，遠方的國家傾慕他的道義，透

過使者輾轉傳譯來朝拜的國家多達十六個。他因為自己的主觀努力改變了命運，將禍兆變成了福祉。

這兩個故事，一個是得到了稱王於天下的徵兆，但最終走向滅亡；一個是得到國家將亡的徵兆，最終多國來朝。這一切主要源於為政者的進德修業，與徵兆又有什麼必然的聯繫呢？所以，孔子認為：

天災地妖，所以儆人主者也；寤夢征怪，所以儆人臣者也。災妖不勝善政，寤夢不勝善行，能知此者，至治之極也，唯明王達此。（《孔子家語·五儀解》）

孔子認為，天降災異、地生妖孽是用來警戒人主的；各種夢異和怪誕的徵兆，是用來警戒人臣的。災異妖孽鬥不過清明的政治，不好的夢兆鬥不過良好的品行。能明白這個道理，就達到了天下大治，只有賢明的君主才能實現。

面對夏桀的昏庸無道，面對救百姓於水深火熱之中的使命，成湯講了一番話。

他說：

予小子履敢用玄牡，敢昭告於皇皇后帝：有罪不敢赦。帝臣不蔽，簡在帝心。朕躬有罪，無以萬方；萬方有罪，罪在朕躬。

予小子履：履，殷湯名。予小子，湯對於自己的謙稱。玄牡：黑色的公牛，祭祀時

214

做犧牲用。皇皇后帝：偉大的各方神靈，也可寓意列祖列宗。有罪不敢赦：凡有罪者，湯自言不敢擅自赦免。帝臣不蔽，簡在帝心：帝臣，天下賢者，皆有天命所在，為上帝之臣。簡，選擇。凡天下賢臣，自是不敢視而不見。

為什麼成湯要講這樣一番話？仍然是要解決權力的合法性問題。他以黑色的公牛祭祀，昭告上天，對於有罪的夏桀不敢擅自赦免。自己的隊伍是一支王者之師，發動的戰爭亦是正義之戰。他要向百姓表明，自己可不是亂臣賊子，不是以下犯上，他是師出有名。

在維護政權的穩定上，又回到老生常談的話題，在得人，得賢人。所以成湯認為凡天下賢臣，自己不敢視而不見。選「賢與能」，是為人君主的天命使然，職責所在。愛人、選賢，是一名王者的基本職責，是本分，並非對他人的慈惠。認知清晰、到位，履行職責，就可以繼續享有權力，否則，老天就要收走。成湯王還談到，若是自身有罪，和萬方的百姓無關。但若是百姓有過，一定是自身出了問題；社會風俗不正，一定是官風出了問題。

到了周代，周武王褒封天下，予以善人、仁人以富貴，他說自己至親雖多，但是不如尊崇有仁德的人，他「賢其賢而親其親」。親愛親人，禮敬賢士，形成好的環境與氛

圍，就處處都是正能量。

清明的政治需要「謹權量，審法度，修廢官」。謹慎的制定度量衡的標準，審定禮樂制度，整頓廢棄職守的官府工作。這是政治的程序。但是，古代先王追求的是王者風範，他們「興滅國，繼絕世，舉逸民」，恢復幾近滅亡的國家，承繼將要斷絕的賢人之後，舉用「逸民」，使得天下之民歸心。

在《孔子家語·辯樂》中有這樣的記載：武王攻克了殷都，接著就宣布將當地的統治權交還給殷商的後裔。還未及下車，就封黃帝之後於薊，封帝堯之後於祝，封帝舜之後於陳；下車，又封夏后氏之後於杞，封殷之後於宋，封王子比干之墓，釋放箕子，恢復了他的官職，使百姓奉行商容找到依據。

這讓我們心中非常感慨，想一想這是一份怎樣的寬廣！想一想古代的王者這樣做的道理。以商朝為例，商紂王非常昏庸，可是他的祖宗沒有錯，那一方的百姓沒有錯。上至列祖列宗，下到平民百姓，所形成的那一方水土的文化沒有錯。所以，王者的氣度是「興滅國，繼絕世，舉逸民」，恢復那些將要斷滅的國家，繼承那些將要斷滅的文化，舉用那些賢達的人才。

有一家企業在國外併購了很多公司，記者在採訪這位企業家的時候，問到一個問

216

題：企業在國外併購的過程當中，有沒有遇到文化衝突？這位企業家講到他心中裝有六個字「興滅國，繼絕世」。他說他所併購的國外公司，多數是經營已經不善，員工面臨失業。他實施併購，不是爭奪權力，而是「興滅國，繼絕世」。為的是使這些企業起死回生，使那些員工安居樂業。

有這樣的理念在心中，他們所到之處暢通無阻。之所以能夠有這樣的情懷，說到底是源於對生命的尊重，是源於對於生命本身的慈惠之心。回到生命的本質，關注生命的本分，自然贏得人們的心悅誠服。

二、王道精神落地：尊五美，摒四惡

自堯、舜、禹、湯、文王、武王、周公一脈相承的王道精神，是政治的大經大綱。

那麼，王道精神如何落地，大經大綱怎樣變為具體的施政方針、施政綱領呢？

孔子認為，最重要的是做到「尊五美，摒四惡」。要尊崇哪「五美」？要摒除哪「四惡」？

對於五美，孔子曰：

惠而不費，勞而不怨，欲而不貪，泰而不驕，威而不猛。

一美美在對他人的慈惠。惠在民，惠在百姓，不破費在己。無我是為了有他。

二美美在擇可勞而勞之。哪些人可勞？當然是賢能之人，所以要「選賢與能」。不僅無怨，還樂意。知者，知人。強弱異任。對於普通的百姓，履行基本職能，並不引導他們做力不能及、好高騖遠之事。

三美美在中正之欲。談到「欲」，有人談「欲」色變。其實大可不必，關鍵在於欲什麼？是欲行仁於天下，行王道於天下，還是僅僅是行自己的一己私欲？中正之欲是無貪之欲。沿著一己私欲走下去，將找不到歸來的路。

四美美在泰然處之。關於「泰」與「驕」，孔子曾說君子是「泰而不驕」，小人則是「驕而不泰」。君子在多與少、大與小、果敢與怠慢之間從容中道，泰然處之。

五美美在威儀翩翩。談到威，到底如何威？君子不重則不威，就是這「正其衣冠，尊其瞻視，儼然人望而畏之」。自尊，尊人；自敬，敬人；自愛，愛人，被人愛；自知，知人，被人知；自信，信人，被人信。反之，自欺，欺人，被人欺；自負，負人，被人負。老子說：「夫物芸芸，各復歸其根。」一切都會回到自身。

在生命行進的路程之中，選擇走在大道上，與美德相伴，尊人，敬人，愛人，知人，信人。

五美的極端只在「費」、「怨」、「貪」、「驕」、「猛」五字，反此就美。

關於四惡，孔子曰：

不教而殺謂之虐；不戒視成謂之暴；慢令致期謂之賊；猶之與人也，出納之吝謂之有司。

一惡即為虐百姓。不要認為只有對於百姓實施酷刑，或者橫徵暴斂才是虐待。其實，只要是沒有好好教化就處罰即是虐。在孔子看來，在上位的人推行教化不力，價值觀顛倒，是非不明，百姓就易於手足無所措。這種情況下，犯了罪，罪責不在老百姓。

孔子欣賞正面示範，反對不教而殺，更不會讚揚「釣魚執法」。

二惡即為行暴政。不加警戒，便責令成功。沒有警戒，就沒有預防措施。沒有預防措施，陷入困境的機會就高，成功的機會就低。施政者的職能就是要引導百姓，高明才能覆照萬物，才有能力護佑百姓。反此，就是「暴」了。

三惡即為害百姓。一開始鬆鬆垮垮，突然限期完成。由於管理者的失職，把握不好度，最終超出百姓的承受範圍，實在是害百姓。

四惡即為小氣。主要是指對百姓小氣，這種人往往對自己「大氣」，像是某些管理人事的官員，不明白權力的作用到底該何為。這種人，實在是「不知命」。

第十二章　深沉的精神追求

這「四惡」的共性，就是「緩於前而急於後」，在教化與處罰、過程與結果、出與入之間薄前厚後，本末倒置。一旦本末倒置，往往就天翻地覆。

這樣看，孔子對於為政者的要求是高的。因為責任大，理應要求高。知道官不是那麼好當，就更應該恪盡職守，以一顆誠敬之心，兢兢業業，夙夜在公。不作為，也是貪污。貪污了權力，破壞性極大。

這樣，由堯開始，到舜，再到禹、湯、文王、武王、周公，再到孔子，他們有共同的理想和追求。他們都希望天下安泰，百姓安康，甘其食，美其服，安其居，樂其俗。面對這樣深沉的精神追求，我們的先聖哲王並非僅停留於理想層面，更有具體的行動，他們關注弱勢群體，建立溫暖的社會環境，引發正能量，使得近者悅服，遠者來附。這樣深沉的精神追求，代代相傳，奮鬥不已。這樣深沉的精神追求，是「天下之民歸心焉」，是「全社會意願和要求的最大公約數」。

這樣的「道」，要被「知道」，更需要「行道」。但是，面對那個「禮崩樂壞」、「苛政猛於虎」的亂世，「知道」不易，「行道」更難。可是，周文王已經不在了，這關乎人文、化民成俗的職責難道不在「我」的肩上？既然這是一份天命，即使是「顛沛必於是，流離必於是」，也要擔得起。

對此，孔子曰：

不知命，無以為君子也。不知禮，無以立也。不知言，無以知人也。

知命、知禮、知言，進而做君子、有擔當，立己、知人。到此，《論語》整部書就首尾貫通了。孔子堅信人生要有追求，執守不改變，追求的就是王道行天下。

看到孔子的執著，才發現原來中華文化不僅追求王道行天下，還有著堅忍不拔、不捨不棄的基因，自然可以生生不息、發展壯大。責任、擔當、使命這樣的字眼將與自己感通，堅毅地凝視遠方，專注地把握當下，關注的不再是瞬間，而是綿延……這般深沉的精神追求，至今仍是中華民族生生不息、發展壯大的豐厚滋養，也是關乎世界前途、人類命運的人文情懷。如果這樣的精神追求在世界範圍內更多地被「知道」、「行道」，這將是中華民族貢獻給世界的最為偉大的禮物。要品思這般美好的、深沉的精神追求，真需要將《論語》仔細看看。

電子書購買

國家圖書館出版品預行編目資料

請孔子讀論語：培養好學的心態，在承擔中勇
敢成長，成為自己生命的王者 / 楊朝明，李文
文 著 . -- 第一版 . -- 臺北市：崧燁文化事業有
限公司 , 2021.09
　　面；　公分
POD 版
ISBN 978-986-516-800-1(平裝)
1. 論語 2. 修身 3. 生活指導
192.1　　110013089

請孔子讀論語：培養好學的心態，
在承擔中勇敢成長，成為自己生命的王者

臉書

作　　　者：楊朝明，李文文
發 行 人：黃振庭
出 版 者：崧燁文化事業有限公司
發 行 者：崧燁文化事業有限公司
E - m a i l：sonbookservice@gmail.com
粉 絲 頁：https://www.facebook.com/sonbookss/
網　　　址：https://sonbook.net/
地　　　址：台北市中正區重慶南路一段六十一號八樓 815 室
Rm. 815, 8F., No.61, Sec. 1, Chongqing S. Rd., Zhongzheng Dist., Taipei City 100,
Taiwan (R.O.C)
電　　　話：(02)2370-3310　　　傳　　　真：(02) 2388-1990
印　　　刷：京峯彩色印刷有限公司（京峰數位）

定　　　價：299 元
發行日期： 2021 年 09 月第一版
◎本書以 POD 印製